오늘도
불안한
엄마들에게

워킹맘의 불안을 딛고
서울대 삼 남매를 키워낸

양소영 변호사의
부모 성장 에세이

오늘도
불안한
엄마들에게

양소영 지음

담담

추천사

대신 싸워주는 엄마가 아니라
싸우는 아이의 곁에서 신뢰를 보내는
엄마가 아이를 살린다

김현수
명지병원 정신건강의학과 임상교수, 성장학교 별 교장.
『요즘 아이들 마음고생의 비밀』 『사춘기 마음을 통역해 드립니다』 저

양소영 변호사는 "편안함과 따뜻함을 전해줄 줄 아는 최고의 엄마"라고 그의 자녀들은 말합니다. 그런 말은 엄마가 알아서 척척 도와줘서, 힘들지 않게 미리 다 해 줘서 나오는 것이 아닙니다. 바쁘고 실수하고 다 해 주지 못하는 워킹맘이지만 그래서 아이들이 스스로 하게 만들고, 독립하라고 가끔 협박도 하지만 아이들이 힘든 점을 알아줍니다. 보살피는 엄마라서, 실수하지만 고칠 줄 아는 담대한 '신뢰의 엄마'라서, 아이들은 엄마를 그렇게 표현한 것입니다.

부모와 자녀 사이 애착 관계에 경고등이 켜진 이 시대에 저자는 애착 교과서에 나오는 안정된 관계 맺기, 안전기지 역할 다하기의 전형에 가까운, 좋은 안정 애착의 양육자입니다. 불안정한 애착으로 마음의 중심을

잃고 방황하는 아이들이 너무 많은 이 시대에, 불안과 회피, 강박의 양육이 넘치는 이 시대에, 이 책은 안정된 애착의 중요성을 알려주는 교과서 같은 귀한 책입니다.

저자는 배우고, 읽고, 고치고, 변화하고, 자녀를 탐색하며 돕고 기회를 주는 양육을 실천하려 분투하는 워킹맘입니다. 그 과정에서 자신의 성장 과정을 성찰하며 부모와 맺었던 관계의 서사도 잘 분석하고 있습니다. 사유하는 양육자의 모습이 그대로 보이는 이 책은 마음으로 하는 양육, 관계와 연결의 과정이 잘 묘사된 양육의 지침서입니다.

부모 교육의 세계적인 권위자이자 UCLA 정신의학과 임상교수인 다니엘 시겔은 모든 양육의 기본은 민감하고 반응적이며 가급적 일관성 있는 방식의 '관계'라고 했습니다. 관계가 굳건하면 아이들은 자신의 가능성을 얼마든지 발휘할 수 있습니다. 관계는 마음의 뿌리입니다. 나무가 열매를 맺으려면 햇빛과 수분도 충분해야 하지만, 근본적으로 뿌리가 튼튼해야 합니다. 그런데 뿌리는 잘 보이지 않지요. 그 잘 보이지 않는 뿌리가 바로 마음으로 맺은 관계의 힘입니다. 땅에 깊고 단단하게 내린 뿌리의 힘은 바로 부모와의 굳건한 신뢰 관계인데, 양소영 변호사 부부가 어떻게 아이에게 굳건한 신뢰를 보여주었는지를 이 책에서 잘 서술하고 있습니다. 부모의 자기 신뢰가 곧 아이의 자신 신뢰로 이어진

추천사

다는 애착의 법칙을 잘 보여줍니다.

베스트셀러 『불안세대』를 쓴 조너선 하이트도 말했던, '조련사'가 아닌 '정원사' 같은 부모의 역할에 대해서도 이 책은 언급합니다. 시간이 필요함을 아는 지혜부터 시작해, 통제가 아닌 자연스러움 속에서 아이가 그 자신의 빛깔을 찾아 빛날 수 있도록 해주는 것이 무엇인지 너무도 잘 보여주고 있습니다.

좋은 부모가 완벽한 부모가 아닌 것은 당연한 이야기입니다. 의사이며 정신분석학자인 도널드 위니코트는, 엄마와 아이의 완벽한 일치란 환상이고, 서로가 실패하면서 그 실패를 견디고 보완하며 충분한 경험을 통해 아이들이 의존에서 벗어나 자립으로 간다고 말합니다. 실패를 비난하지 않고, 조율되지 않은 것을 단죄하거나 단정하지 않고, 열린 마음으로 맞춰 나가려는 회복 탄력적이고 유연한 부모의 모습이 어떤 모습인지 양소영 변호사는 보여주고 있습니다.

자녀에 대해서도, 자신에 대해서도 불안해하지 않는 기본적 신뢰야말로 좋은 양육의 가장 큰 에너지입니다. 그 자신감이 있어서 부모와 자녀 모두 실수와 실패 속에 끝없이 자기수정을 하며 성장한 것이 아닌가 합니다.

워킹맘으로 무려 셋이나 되는 자녀와 좋은 관계로 지혜롭게 지내온 엄마의 배움과 깨달음, 그리고 그 생생한 경험을 후배 양육자들에게 허심탄회하게 나누고자 하는 용기로 이 책이 나온 것 같습니다. 아이들을 좋은 대학에 보낸 것보다 각자가 자신의 삶에서 주인이 되어 살고 있다는 게 더 기분 좋다는 양육자가 되고 싶다면, 담대하고 진솔한 이 양육 분투기를 여러 번 읽어보시길 바랍니다. 그리고 저자의 바람대로, 불안이 아니라 신뢰와 기다림의 양육자가 되어, 자신의 삶에 주인이 되는 자녀가 되도록 안내하는 행복한 양육자가 되시길 바랍니다.

추천사

불안한 오늘을 살아가는
모든 부모에게 건네는 따뜻한 위로

방종임
교육대기자TV 운영자, 『2025 대한민국 교육 키워드』 저

이 책을 읽으며 가장 깊게 다가온 건 서울대 삼 남매를 키운 비법이 아니라, 불안을 품고 살아온 한 엄마의 진솔한 고백과 기다림의 힘이었습니다. 저자는 특별한 공부법이나 화려한 비결을 이야기하지 않습니다. 대신 우리 모두가 매일 부딪히는 현실, 흔들리는 마음, 아이를 향한 사랑과 미숙함 사이에서 버텨내야 하는 부모의 자리를 정직하게 보여줍니다.

저자는 법정에서 치열하게 싸우는 변호사이자, 세 아이를 키운 엄마로서의 지난 25년을 솔직하게 풀어냈습니다. 책 속에는 완벽하지 않은 엄마의 좌절과 눈물, 그리고 아이와 함께 자라온 시간의 흔적이 고스란히 담겨 있습니다. 아이에게 화를 내고 후회했던 날들, 사춘기 딸의 문을

두드리며 속으로 눈물을 삼켰던 순간들, 일하는 엄마로서 늘 부족하다고 느끼며 버텨야 했던 마음까지. 그 모든 불안을 감추지 않고 꺼내놓음으로써, 오히려 우리에게 가장 큰 위로를 건넵니다.

특히 인상 깊었던 건 아이들을 대나무에 비유한 이야기였습니다. 씨를 뿌린 뒤 몇 해 동안은 아무 변화가 없는 것처럼 보여도, 땅속에서는 단단히 뿌리를 내리고 있다는 이야기. 부모의 역할도 마찬가지라는 걸 깨닫게 됩니다. 아이의 성장은 단번에 눈에 보이지 않습니다. 다만 매일의 밥상, 반복되는 대화, 작지만 꾸준한 기다림 속에서 서서히 일어나는 것이지요. 저자가 말하는 '힘 빼고 30퍼센트, 그러나 꾸준히'라는 원칙은 완벽을 강요하는 요즘 부모들에게 가장 필요한 조언일지도 모릅니다.

이 책은 서울대 삼 남매를 키운 엄마의 성공담을 넘어, 불안한 오늘을 살아가는 모든 부모에게 보내는 진심 어린 편지입니다. '대충, 그러나 꾸준히'라는 단순한 원칙이 우리에게 주는 해방감, 완벽하지 않아도 괜찮다는 안도감, 그리고 아이를 믿고 기다릴 용기를 전해주는 책입니다.

추천사

완벽이 아닌
기다림이 만든 성취

유인경
작가, 『내일도 출근하는 딸에게』 저

대한민국의 수많은 엄마들이 자녀가 성장한 후에는 "내가 널 어떻게 키웠는데!"라고 억울해합니다. 최선을 다해 키웠지만 보상받지 못한다는 분노도 있지만, 매 순간 자식 때문에 불안해하고 노심초사하느라 휩쓸려간, 자신의 시간에 대한 억울함과 허망함도 담겨있습니다.

양소영 변호사는 '불안전문가'입니다. 이혼 결정을 하며 불안해하는 상담자와 의뢰인의 불안을 다독이는 변호사이자, 성적과 대학 입시, 스펙으로 불안해하는 삼 남매의 고민을 들어주는 엄마이기도 합니다. 그리고 그런 아이들을 묵묵히 기다리며 자신의 불안을 다스리는 능력도 점점 키워갔습니다.

저자와 저는 15년이 넘게 인연을 이어오고 있지만, 이전까지는 아이들의 성적이나 학교에 대한 이야기를 저자로부터 들어본 적이 없었습니다. 그 바쁜 변호사 엄마가 세 명의 아이들과 각각 따로 여행도 가고 아이돌 그룹의 콘서트도 따라갔다는 이야기를 알게 되자, 사회에서는 제가 한참 선배인데도 '소영 언니!'라는 감탄사가 절로 나왔습니다.

삼 남매가 서울대 경영학과, MIT를 간 것은 저자의 스파르타식 훈육이 아니라 세상과 아이를 보는 눈, 그리고 자신과 아이의 불안함을 다스리는 능력 덕분이라고 생각합니다.

풋풋한 30대 변호사에서 이제는 법률법인의 대표로, 그리고 양육비 지원을 못 받는 한부모가정을 위한 법률지원과 다양한 후원사업을 펼치는 사단법인 '칸나희망서포터즈' 운영까지. 사회운동가로 성장한 양 변호사가 이제 엄마들의 불안도 치유하는 마법을 양 변호사 보여주길 기대합니다. 그 마법은 이 책의 첫 장을 펼치는 순간 시작됩니다.

프롤로그

서울대 삼 남매 키운 첫 원칙, 내 안의 불안 잠재우기

제가 삼 남매를 키우는 엄마이고, 변호사로서 이혼 상담도 오래 하다 보니 자연스레 선후배나 의뢰인의 육아 고민을 들어주는 일이 많았습니다.

"또래보다 좀 느린 것 같아요." "정말 영어 유치원 안 보내도 되나요? 수학 선행 학습은요?" "워킹맘인데 잘할 수 있을까요?"

이런 질문들에 저는 이렇게 답하곤 했죠. "주위 애들이랑 너무 비교하지 말고, 조금만 더 기다려 보세요." "영어 유치원이 필수는 아니더라고요. 선행 학습 많이 안 해도 돼요. 물론 아이가 원하고 수업도 잘 따라가면 하는 거고요." "일하는 엄마의 장점도 많아요."

열심히 조언하지만, 반응이 신통치 않을 때가 많았어요. 제가 전문가가 아니니 제 얘기를 잘 안 들어주더라고요. 가끔은 '안 들을 거면 왜 물어보는 거야……' 싶기도 했고요. 그렇다고 엄마로서 제가 다 잘했냐 하면, 당연히 그럴 리 없죠. 다만 저도 같은 고민을 오래 했고, 책도 찾아봤고, 아이들에게 적용해 본 경험이 있으니 드릴 수 있는 이야기였습니다.

저도 영재 교육, 엄마표 영어 학습, 명문가 자녀 교육에 관한 책도 읽어 보고, 대치동 유명 학원 설명회도 다녀봤어요. 그런데 우리 삼 남매와 잘 맞지 않는 걸 어떻게 하겠어요. 특히나 저는 '엄마표 영어'를 도저히 따라갈 수 없었습니다. 제 자책만 커지더군요.

아이에게 감정적으로 화내면 안 된다는 걸 알지만, 아침에 안 일어나면 처음엔 웃으며 뽀뽀로 깨우다가도 끝까지 버티면 결국 소리를 질렀습니다. 창문이 열린 줄도 모르고 아파트가 쩌렁쩌렁 울리게 '샤우팅'을 하던 날이 많았죠. 변호사니까 '재판하듯' 논리로 제압했을 것 같나요? 그럴 논리가 어딨어요. 오히려 "엄마는 우리를 증인신문 하듯 몰아붙인다" 하는 반발만 샀을 겁니다.

우리는 왜 이렇게 아이들과 평화롭지 못할까요? 어느 날, 아이들을 등교시키고 운전석에 앉아 스스로에게 물었습니다. '나는 왜 그렇게 미친년처럼 소리를 치며 아이들을 학교에 보냈을까. 사실 별일도 아닌데. 그냥 선생님께 한번 야단맞고 다음부터 잘 챙기면 될 일인데, 무슨 큰일이라고…… 나는 정말 미쳐가는 걸까?'

핸들에 얼굴을 묻고 울고 싶었습니다. 아이들의 하루 시작을 망친 미안함에 마음이 무너졌어요. 그러다 문득 제 마음을 들여다봤습니다. 한참을 들여다보니 '불안'이 보였습니다. 왜 불안이 나를 붙드는지 더 깊이 들어가 보니, 욕심, 기대, 걱정, 경쟁 같은 것들이 똬리를 틀고 있더군요. 제가 우리 아이들을 사랑한다는 건 의심할 여지가 없는 진실인데, 이상하게도 사랑이 클수록 불안도 커지더라고요. '사랑이 불안에 잠식당하면 안 되겠구나!' 정신이 번쩍 들었습니다.

50대 중반인 저도 여전히 불안에서 자유롭지 못합니다. 그래서 저는 얼마 전부터 '시간제 불안'을 시작했습니다. 아침에 눈을 뜨면 불안에게 시간을 정해 줍니다. '좋아, 앞으로 30분만 마음껏 뛰놀아. 7시부터는 안 돼.' 이상하게 들릴지 몰라도, 이렇게 불안에 명확한 활동 시간을 정해주니 오히려 제가 불안을 통제하고 있다는 감각이 생기더군요. 약속한 시간이 끝나면 스스로에게 명령합니다. 이제 오늘 불안은 여기서 끝!

때로는 '불안일기'를 써보기도 해요. 아침의 불안을 메모하고, 잠들기 전 그중 무엇이 실제로 일어났는지 확인합니다. '내가 지나치게 불안했구나!' 생각하면서 위로를 받기도 하고 어떤 것들은 실제로 해결되기도 하는 걸 보면서 마음을 다독이기도 합니다. 여전히 불안한 것들은 '제발 일어나지 않게 해 주세요!' 마음속으로 기도합니다.

우리는 세상과 아이들 사이에서 아이가 충분히 성장하도록 버팀목이 되어야 하는 사람들입니다. 쉽지 않아도 꼭 해내야 하는 미션이죠. 저 역시 완벽하지 않았지만, 불안을 품고 길들이며 아이들을 기다리고 믿는 법을 배우려고 애써 왔습니다. 사실 불안이 많다는 건 꼭 나쁜 점만은 아니지요. 최악을 가정해 미리 대비하면 오히려 안정적이고 좋은 결과로 이어질 수 있습니다. 아이 시험이 걱정되면 전날 일찍 재우고, 든든한 아침을 챙기고, 준비하는 루틴을 만들어 줄 수 있으니까요.

불안은 연료로 쓰이기도 합니다. 중요한 순간에 적당한 불안은 집중력에도 보탬이 되죠. 불안을 집중 에너지로 쓰는 아이에게는 다그치기보다 격려가 필요할 때도 있습니다. 부모의 불안, 걱정은 당연합니다. 다만 그것들이 아이에게 그대로 전염되면 아이는 더 힘들어지고 자신감이 없어질 수 있으니, 불안을 잘 길들여 '준비하는 힘', '아이를 위한 힘'으로 바꾸어야 합니다.

이 책은 서울대 보내기 매뉴얼이 아닙니다. 여기서 말하는 공부를 그저 공부로만 보지 마시고 삶의 태도를 배우는 일로 읽어 주셨으면 좋겠습니다. 공부를 잘하는 아이가 반드시 인생에서 성공하는 건 아니라는 것, 우리 모두 알고 있잖아요.

저도 삼 남매의 목표를 서울대에 두고 키운 건 아니었습니다. 그러니 제가 이 책에서 소개할 내용도 특별한 학습법이라기보다, 아이들이 무엇을 모르는지를 찾고 그것을 채워가는 방법에 더 가깝습니다. 공부는 성적을 위한 것이 아니라 자신만의 삶을 살아가기 위한 코어 근육을 만들어가는 훈련 과정이라고 생각합니다. 그 과정에서 저와 삼 남매가 어떤 태도로 25년을 지내왔는지에 대한 기록을 이 책에 담았습니다.

삼 남매 모두 출발은 빠르지 않았지만, 입시라는 과정을 무사히 통과해 이제 막 성인으로 출발선에 섰습니다. 그 사이 자신만의 실패를 겪기도 하고 고민 속에 보낸 시간도 많았지요. 앞으로도 당연히 많은 실패가 기다릴 거예요. 지난 25년 저와 아이들이 어떻게 비틀비틀하면서도 쓰러지지 않고 그 시간을 통과했는지 생각나는 대로 담담히 적어봤습니다. 책, 선배, 친구 들로부터 받았던 도움을 실천으로 옮긴 경험담으로 읽어 주세요.

오늘도 불안 속에 있는 엄마들이 제 이야기를 읽고 "별것 아니네? 정말이야? 그 정도면 나도 할 수 있겠어!" "불안하다고 미리 애들을 고생시키지 않아도 되겠어! 그래, 불안할 시간과 에너지를 다른 데 써 보자!" 하고 말해 주신다면, 이 책을 쓴 보람이 있을 겁니다.

지난 시간을 되짚으며 잊고 있던 순간들을 많이 건졌습니다. 그 시간 속에서 늘 곁에 있어주었던 남편을 다시 발견했습니다. 이 지면을 빌려 고맙다고 전합니다. 자신들의 경험을 공유하도록 허락해 준 삼 남매에게도 고맙고요. 여기까지 올 수 있게 해주신 고마운 분이 너무 많습니다.

일하는 엄마 대신 아이들을 돌봐주신 아이들의 큰엄마와 마리아 이모, 아이들을 맡아주셨던 학교 선생님들, 아이들의 초등학교 시절을 도와주셨던 김 선생님·양 선생님·이 선생님 그리고 멘토 역할까지 해주셨던 천 원장님과 나 선생님, 오케스트라 선생님들, 제가 답을 몰라 헤맬 때 든든한 조언을 해주신 모든 분, 든든한 버팀목이 되어 주셨던 가족, 지금도 제 무릎 위에 앉아 있는 사랑스러운 강아지 벤. 마지막으로 제 이야기를 세상에 나오게 해주신 출판사 대표님, 황 작가님, 편집 도움을 주신 박 소장님께도 진심으로 감사드립니다.

2025년 가을의 문턱에서
양소영

추천사

프롤로그　서울대 삼 남매 키운 첫 원칙, 내 안의 불안 잠재우기

PART 1　처음부터 잘하는 아이는 없다

1장　느린 대나무를 5년 기다려 준 엄마

- 삼 남매는 똑똑한 아이들이 아니었다 … 32
- 5년간 자라지 않는 대나무처럼 … 35
- 힘 빼고 30퍼센트만, 그러나 꾸준히 … 36
- 자유 속에서 실수할 기회를 선물하기 … 38
- 문을 쾅 닫고 들어간 아이에게 … 40

2장　아이가 흔들릴 때 위로보다 중요한 것은

- 출근하지 마, 엄마! … 43
- 흔들리지 않는 나무는 죽은 나무야 … 45
- 엄마의 말, 귀담아듣게 하려면 … 47

3장　세 아이를 스스로 공부하게 만든 것

- 지극히 현실적인 공부 목표 … 49
- 부모한테 대학 등록금 기대하지 마 … 51
- 세 자녀가 서울대 간 비법이요? … 52

PART 2 내 아이는 안 된다? 뭘 해봤는데?

4장   끈기 없는 아이로 만들고 싶지 않다면

- 난 끈기가 없어서 안 될 거야   56
- 여섯 번의 실패가 내게 알려준 것   58
- 부족함은 결핍이 아니라 기회의 공간   59

5장   전교 1등이 왕따가 된 사연

- 달리는 말에 채찍질하던 아버지   61
- 전교 1등, 그러나 외톨이   62
- 공부보다 짜릿했던 첫 반항   64

6장   영재 테스트, 왜 해요? 더 중요한 게 있는데

- 영재도 주말에는 쉬어야죠   66
- 성적표에는 없는, 그러나 정말 중요한   67
- 공부, 시키기 전 뇌발달부터 살펴야   68
- 한걸음씩 함께 내딛다 보면   69

7장   집중력, 부모도 키울 수 있다

- 우아한 육아는 없다   71
- 엄마가 되는 건 아이와 함께 성장하는 것   72
- 모든 공부의 시작, 정서적 연결   74
- 저녁이야, 불 끄고 잘 시간이야   75

PART 3   세 아이 엄마의 현실 경험담

8장   엄마는 행복을 연기하는 배우

- '너를 위해'라는 위험한 말   80
- 행복을 연기한 이유   82
- 엄마의 연습이 만드는 선순환   84
- 엄마의 감정 연습은 불안 일기로   85
- 내 마음속 행복 채집통   87

9장   무너지는 나를 일으킨 것

- 아이 셋, 잘 키울 수 있을까   90
- 하버드 졸업생들이 내게 준 위로   91
- 고난을 없애주는 대신 사랑을 주기로   93
- 아버지의 자전거 선물   95

10장   엄마는 아이를 위한 어항입니다

- 나는 아이에게 어떤 어항인가   98
- 네 뒤에는 엄마가 있어   100
- 아이가 원한 건 연결이었음을   102
- 어항 물을 맑게 하는 한마디, "밥은 먹었니?"   105

11장   내 아이 마음 속의 용을 마주하는 법

- 그림책 한 권이 던진 질문   108
- 내 안의 용을 마주하다   110
- 기면증이라는 용   112
- 아이를 바라본다는 의미   114

PART 4 공부도 기초체력이 중요해

12장 나무가 아닌 숲을 보는 숲 공부법

• 아이의 공부근력을 빼앗는 엄마   118
• 숲 밖으로 나와야 보이는 것들   120
• 전교 1등의 진짜 공부 비밀   121

13장 안다는 착각에서 벗어나는 삼 남매 공부법

• 뉴진스 흉내내다 깨달은 공부의 함정   125
• 아는 문제인데 틀렸다, 진실일까   126
• 가짜를 진짜로, 삼 남매 공부법   127

14장 학습 효율을 높이는 최고의 습관

• 무서운 엄마가 강조한 단 한 가지   131
• 숙제만 해도 충분하다니까   132
• 승리의 V자 성적을 만들어 볼까   134
• 숙제, 왜 해야 해요?   135
• 숙제 싫어하는 아이를 위한 엄마의 기술   137

15장 자신감을 되찾아준 후행 공부법

• 엄마, 나 수학이 너무 어려워   139
• 자신감이라는 이름의 정비례 그래프   141

PART 5 때론 기다리는 것이 답이다

16장   만족지연 능력이 공부하는 아이를 만든다

- 초콜릿과 세 살의 선택 — 146
- 기다림을 놀이로 만드는 법 — 147
- 공부라는 이름의 만족지연 훈련 — 149
- 노력으로 얻어낸 특별한 가족, 벤 — 151
- 기다림을 가르칠 수 있는 사람 — 152

17장   영어 유치원, 특목고, 이런 실패담 들어봤어?

- 영어 유치원 앞에서 터진 눈물 — 154
- 진짜 영어 선생님은 유튜버 — 156
- 둘째와 셋째의 실력을 올린 영어 공부법 — 158
- 특목고 실패, '인생 망했어!' — 159

18장   스마트폰과의 통제 전쟁, 부숴? 말어?

- 엄마 아빠는 스마트폰, 아이는 수학 문제 — 163
- 선배님 애들은 스마트폰 잘 안 했어요? — 164
- 스마트폰 감옥 탈출 대작전 — 165
- 몰랐기에 가능했던 스마트폰 자기조절 — 166
- 비밀 없는 엄마와 딸, 단 성적은 비밀 — 168
- 성적표? 엄마가 더 불안해져요 — 169

19장   미리 힘 빼면 안 되는데

- 초등학교 시절, 실컷 놀았기에 — 172
- 진짜 스퍼트는 언제? — 175

PART 6 　책, 읽기 싫어도 읽어야 하는 이유

20장　읽기 독립, 빠를수록 좋을까?

- 베껴 쓰기에서 발견한 끈기　180
- 덧셈 기호의 충격　183
- 어쩔 수 없었던 선택, 읽기 독립　184
- 중요한 건 시기가 아닌 함께 쌓는 공감　185
- 다섯 식구의 잠자리 토크　187
- 괴테의 베갯머리 이야기　189

21장　책과 함께 놀자

- 최고의 나들이 장소, 서점　191
- 성공의 경험을 선물한 독서 골든벨　193
- 책 읽기, 놀이처럼 가능할까　195
- 책 읽기 놀이의 원칙　197

22장　내 아이가 책을 읽지 않는다면

- 딸을 바꾼 건 책이 아니라, 엄마의 시선　199
- 착한 늑대에게 먹이 주는 법, 독서습관 만들기　201

23장　책과 추억을 쌓은 아이는 더 멀리 간다

- 책도 함께 읽어야 재밌다　204
- 책은 아이 인생의 나침반　205
- 가장 큰 수확은 책으로 쌓은 교감　207

PART 7 공부 잘하는 원칙은 변하지 않는다

24장 공부의 기초 대사량, 잠과 운동

- 뇌를 재충전하는 잠의 과학 — 212
- 잠은 사치가 아닌 전략! — 214
- 뇌를 깨우는 운동의 힘 — 216
- 합법적 땡땡이 쿠폰 — 217

25장 밤새 레고를 만들던 아이

- 꼴찌로 시작한 물리 올림피아드 국가대표 — 220
- 엄마, 침대 옆에 종이를 붙여 주세요 — 222
- IQ보다 중요한 성실함이라는 재능 — 224

26장 3개월의 몰입이 가져온 수학 역전

- 메타인지는 보이지 않는 힘 — 227
- 가짜 공부의 배신 — 228
- 눈물로 깨달은 메타인지 — 230
- 3등급에서 1등급으로, 오답노트의 기적 — 233
- 오답노트의 비밀, 4단계 공부법 — 234

27장 유명 학원을 그만두자 아이의 잠재력이 폭발했다

- 잘하는 것은 더 잘하게 — 237
- 유명 학원의 명과 암 — 238
- 내 아이에게 맞는 작은 학원의 기적 — 239

PART 8 단단한 엄마로 버티려면

28장 학원, 어디 보내야 하나요?

- 조급증만 키웠던 엄마 모임 — 244
- 해법은 아이의 반짝임 속에 — 245
- 가장 좋은 학원은 아이가 직접 고른 학원 — 246

29장 부모가 가져야 할 진짜 용기

- 아이의 거짓말을 대하는 부모의 용기 — 248
- 눈감아주는 용기로 아이의 자존감 지키기 — 249
- 내가 이혼을 권하는 단 한 가지 이유 — 250
- 부부 싸움에도 AS가 필요하다 — 252

30장 싸울 때도 지킨 우리집 규칙

- 애 셋은 에셋이라지만, 현실은 전쟁 — 254
- 우리 집 헌법 제4조, 모든 권력은 첫째에게 — 255
- 우리 집의 정치가, 둘째 — 256
- 형제 가정에 도움이 되는 예체능 활동 — 258

31장 학교, 세상을 배우는 가장 큰 울타리

- 내 아이의 가능성을 발견해 준 곳 — 260
- 나와 다른 마음을 배우는 곳 — 262
- 완벽하지 않기에 괜찮은, 우리들의 학교 — 263

32장 　 아이의 꿈을 의심하지 마세요

- 아이가 반짝이는 순간 발견하기　　　　　　　　266
- 모든 아이의 꿈이 의대일 수는 없다　　　　　　　268
- 함께 꿈꿀 때 더 크게 이룬다　　　　　　　　　　269
- 아이와 함께 진짜 꿈을 찾아가는 대화법　　　　　270

33장 　 "우리 애는 안 돼요"라는 말을 거두세요

- 쉰 넘어 마라톤을 완주하며 깨달은 것　　　　　　273
- 아이를 가두는 부모의 고정 마인드셋　　　　　　274
- 괜찮아, 아직 안 된 것뿐이야!　　　　　　　　　276

34장 　 아이들이 공부를 못했다면, 나는 어땠을까

- 만약 아이들이 공부를 못했다면　　　　　　　　278
- 내 아이가 '좀비딸'이 되어도　　　　　　　　　280
- 부모가 보여줄 수 있는 가장 큰 용기　　　　　　281

에필로그 　실패를 허락하는 부모의 용기가, 다시 날아오를 아이의 날개로

인터뷰 　삼 남매가 바라본 엄마의 시간

우리집 삼 남매를 소개합니다

첫째 딸

수시로 서울대 경영학과에 합격한 성실파. 초등학교 1학년, 책을 달달 외워 교내 독서 골든벨에서 1등을 하면서 공부 자신감이 붙었고, 매일 주어진 숙제를 완성하며 공부 근력을 쌓았습니다. 성적이 떨어져 고심할 때, 엄마가 "이제 승리의 V자를 만들며 올라가면 된다."고 응원해 준 말이 두고두고 가슴에 남는 인생철학이 되었다네요.
동생들을 휘어잡고 통솔한 삼 남매 중 최강 포식자이기도 한데요. 두 동생은 공부, 생활 모든 걸 첫째를 보고 따라 했을 정도로 첫째는 동생들의 멘토 역할을 톡톡히 했습니다.

둘째 딸

정시로 서울대 경영학과에 합격한 '귀똑이'입니다. '귀똑이'는 집에서 둘째를 부르는 애칭인데요. '귀여운 똑똑이'의 줄임말입니다. 초등학교 때는 놀이터에서 신나게 뛰어놀고 집에 들어갈 때가 제일 행복했다는, 밝은 에너지가 가득한 둘째입니다. 성적이 뚝 떨어지는 시기에도 스스로 현명하게 극복하는 공부 회복 탄력성을 가지고 있습니다. 이런 회복 탄력성은 성적이 떨어지든 오르든 한 발 뒤에서 지켜본 엄마 덕분이라는데요. 힘들 땐 강아지 벤과 함께, 진짜 힘들 땐 엄마에게 고민을 털어놓으며 이겨냈다고 합니다.

막내아들

서울대 전기·정보공학부를 수시로 합격하고 해외 대학 입시까지 동시에 준비해 매사추세츠 공과대학교MIT 합격. 현재는 서울대 자퇴 후 MIT에 입학했습니다. 레고와 건담 조립을 밤새 하던 소년의 꿈은 수학 선생님이었죠. 축구, 태권도, 인라인, 티볼……. 실컷 뛰어놀며 평범한 초등학교 생활을 했는데, 중학교 때부터 빛나기 시작합니다. 수학학원 선생님의 권유로 뒤늦게 영재고 입학을 준비하고, 이후 물리 올림피아드 국가대표까지 지냈습니다. 지금은 과학도가 되기 위한 과정을 차근차근 밟고 있습니다. 엄마에겐 그저 귀엽고 사랑스러운 막내이자 엄마의 말을 귀담아 잘 들어주는 든든한 아들입니다.

PART 1

처음부터 잘하는 아이는 없다

부모가 해야 할 일은 아이가 실패하도록 지켜보는 것,
그 실패를 통과하는 과정을 믿고 기다려주는 것.
그것이 결국 아이 내면을 단단하게 만드는 길이었습니다.

―――――― 1장 ――――――

느린 대나무를 5년 기다려 준 엄마

삼 남매는 똑똑한 아이들이 아니었다

아이들이 모두 서울대에 합격했을 때, 주위 사람들은 놀라움을 감추지 못했어요. "한 명은 그럴 수 있는데, 세 명이 다 합격했다고요?" 하고들 물었지요. 저 역시 신기했습니다. 왜냐하면 우리 아이들이 어릴 적부터 소문날 만큼 똑똑한 아이들은 아니었으니까요. 도대체 무슨 마술 같은 일이 일어난 걸까요?

아이를 키운다는 건 '준비, 땅!' 하고 출발선에 서서 골인 지점에 들어가는 레이스가 아닙니다. 거창한 목표를 향한 승부도 아니고요. 오히려 지루하고 반복되는 평범한 하루를 이어 가는 일입니다. 매일 같은 시간에 밥을 먹이고 잠자리에 눕히는 일상, 아이의 질문을 들어주며 화내지 않으려 애쓰는 시간, 조금씩 독립을 시키려고 몸

부림치는 수고……. 저 역시 세 아이를 키우는 데 25년이 걸렸습니다. 부모가 된다는 건, 결국 한 사람의 인생을 통째로 가득 채우는 작업이 아닐까요? 누군가는 못 알아채겠지만, 사실 이 작고 지루한 반복이야말로 아이를 키우는 진짜 핵심이었습니다.

그래서 저는 아이들에게 한번 물어봤습니다. "엄마가 너희한테 가장 잘해준 게 뭐라고 생각하니?" 삼 남매는 이구동성으로 대답했습니다. "인내요." 그 순간 저는 알았습니다. 완벽해지려 애쓴 것보다, 끝까지 기다리려 했던 저의 노력이 아이들에게 가장 큰 힘이었구나 하고요.

『아웃라이어』에서 말콤 글래드웰이 말한 '1만 시간의 법칙'이 있지요. 특정 분야에서 전문가가 되려면 최소 1만 시간의 훈련이 필요하다는 법칙입니다. 물론 이 법칙은 타고난 재능의 역할을 간과했다는 비판을 받기도 합니다. 하지만, 저는 양육에 있어서만큼은 이 법칙에 깊이 공감합니다. 부모의 의도적인 노력이 1만 시간은 쌓여야 부모도 양육 전문가가 될 수 있습니다.

부모가 아이를 키운다는 건 순간적인 결단이나 빠른 대응이 아니라, 수년간 이어지는 관찰과 경청, 실수와 반성, 그리고 다시 시도하는 인내의 시간입니다. 아이와 마주 앉아 하루 세 시간씩 이야기를 나누고, 숙제를 같이 하고, 아이 마음을 읽어주기를 10년 넘게 반복한다면 부모도 결국 '양육의 고수'가 되는 거겠지요. 좋은 부모는 태어나는 게 아니라 만들어지는 것입니다.

물론 1만 시간을 채우는 과정이 언제나 평탄할 리는 없습니다. 아이가 내뱉는 사소한 말투에 욱하고, 학원 상담에서 들은 말 한마디에 흔들리고, 친구와 싸웠다는 말에 밤새 뒤척이기도 합니다. 부모의 마음이란 늘 감정의 소용돌이 속에서 흔들릴 수밖에 없으니까요. 그럼에도 불구하고 다시 아이 곁으로 다가가고, 이해하려는 시도를 멈추지 않는다면 부모 역시 성장합니다.

저는 믿습니다. 부모에게 1만 시간의 꾸준함이 필요한 이유는, 아이들의 성장은 늘 조용히, 보이지 않게 일어나기 때문이라고요. 그런데 부모는 흔히 이렇게 생각합니다. '효과가 금세 나타나지 않는데, 내가 뭘 잘못하고 있는 건가?' 아이의 성장은 직선이 아닙니다. 깊이 뿌리를 내리는 대나무처럼, 겉으로는 보이지 않아도 속에서는 복잡하고 중요한 변화가 계속 일어나고 있는 것이지요.

아이를 키운다는 건, 특히 워킹맘인 제게는 매일 부족함과 마주하는 일이기도 했습니다. 번듯한 밥상 한번 차려주지 못하는 요리 실력, 아이가 친구와 싸우거나 아프면 모든 게 엄마 탓 같았던 순간들, 고등학생이 되고 나서는 도무지 알아들을 수 없는 아이들의 말투에 부족한 엄마라는 자책감까지 들었습니다. 그래서 저는 자주 스스로에게 물었습니다. "나는 좋은 엄마일까?"

하지만 이제는 알겠습니다. 완벽해서가 아니라, 기다려주고 인내하려 애썼기 때문에, 그 시간이 결국 아이들을 키운 힘이 되었다는 것을요.

5년간 자라지 않는 대나무처럼

조급해하는 후배들에게 저는 늘 대나무를 떠올려 보라고 말하곤 합니다. 대나무는 씨를 뿌리고 몇 년 동안은 땅 위로 거의 자라지 않습니다. 겉으로 보면 아무 일도 없는 것처럼 보이지만, 사실은 땅속에서 강한 뿌리를 내리고 있지요. 아무도 알아주지 않는 시간 동안 대나무는 자기만의 방식으로 성장하고 있습니다.

육아도 똑같습니다. 삼시 세끼 챙겨 먹이는 것도 벅차고, 책상에 앉히는 건 늘 전쟁이지요. 어제 했던 말을 오늘 또 하고, 또 혼내고, 또 울고……. 정성껏 물을 주는데도 아이가 매일 자라는 것 같지 않아 마음이 무너질 때가 많습니다. 그런데 겉으로는 제자리걸음처럼 보여도, 아이 마음속에서는 작은 씨앗이 조금씩 자라고 있다는 사실을 절대로 잊으면 안 됩니다.

뿌리를 내린 대나무는 어느 날 갑자기 하루에 1m씩 자라기 시작합니다. 5년 동안 잠잠하던 싹이 단 6주 만에 30m까지 자라기도 하지요. 그건 준비된 뿌리 덕분입니다. 성장의 속도가 중요한 게 아니라, 진짜 성장의 핵심은 바로 긴 기다림이라는 것을 대나무가 보여주는 겁니다.

저는 부모가 아이를 키우는 조련사가 아니라, 곁에서 조용히 기다려주는 정원사라고 생각합니다. 햇살이 들게 해주고, 바람이 너무 세지 않게 막아주는 역할, 그 이상도 이하도 아니지요. 화분을 키울 때 물을 과하게 주면 식물이 숨 쉬지 못하고 뿌리가 썩어버리는 것처럼 부모의 사랑도 그렇습니다. 공자님 말씀처럼, 지나침은 부족함만 못합니다. 너무 조급하게, 너무 앞서서 채워주려고 하면 오히려 아이가 자랄 숨을 막아버리게 됩니다.

힘 빼고 30퍼센트만, 그러나 꾸준히

저는 기회가 있을 때마다 주변 엄마들에게 이렇게 말해왔습니다. "아이에게는 대충, 하지만 꾸준히 반응하세요." 다 잘할 필요는 없습니다. 30퍼센트만 잘해도 충분합니다. 다만 그 30퍼센트는 반드시 지속적이어야 합니다.

엄마가 아이와 평소처럼 상호작용을 하다가 잠시 멈출 때마다 아이가 어떤 영향을 받는지 알아보는 실험, 무표정 실험 Still Face Experiment이 있습니다. 이 실험에서 아이들은 엄마가 아주 잠시 무반응했을 뿐인데도 극심한 스트레스를 받았습니다. 아이와 엄마

사이 연결의 중요성을 보여주는 실험이었습니다. 하지만 상호작용의 단절 이후에도, 엄마가 다시 반응하며 관계가 회복될 때 아이의 정서 조절 능력이 길러진다는 점이 중요합니다.

양육에서는 아이를 향한 반응의 질이 중요합니다. 엄마가 온 힘을 다해, 지쳐가면서까지 반응의 양에 집착하지 않아도 됩니다. 저는 이때 엄마의 지속가능한 반응의 정도를 30퍼센트 정도로 잡았습니다. 그렇다면 나머지 70퍼센트는 뭘까요? 아이가 스스로 감정을 다루며 자율성을 키워나가는 시간입니다. 부모가 모든 순간에 즉각 개입할 필요는 없습니다. 아이가 울고 실망한다고 해서 매번 달려갈 필요도 없다는 것이지요. 정말 필요할 때 반응하고, 그 일관성을 유지하는 것, 그것이 핵심입니다.

아이들이 여럿 모여 노는 모습을 보셨나요? 신나게 놀다가도 어떤 아이는 갑자기 재미없다며 무리에서 빠져나옵니다. 대개 상황이 자기에게 불리하게 흘러갈 때지요. 왜 어떤 아이는 이렇게 쉽게 물러설까요? 실패가 두려운 겁니다. 아이는 왜 그렇게 실패를 두려워했을까요? 답은 단순합니다. 늘 부모가 옆에서 도와줬기 때문이에요. 스스로 이겨내 볼 기회가 없었던 것이지요.

회복 탄력성이나 독립성은 특별한 훈련으로 길러지는 게 아닙니다. 아이가 일상에서 반복적으로 부딪히고 깨지면서, '내가 해낼 수 있구나' 라는 감각을 얻을 때 자연스럽게 자라는 겁니다. 숙제를 혼자서 끝까지 해낸 경험, 숙제를 하지 않아 혼나고 다시 해낸 경험, 놀이터에서 친구와 싸우고 또 화해한 경험……. 바로 이런 작은 실패와 극복의 순간들이 쌓여 아이 마음을 단단하게 만들고, 더 건강하게 키워줍니다.

부모가 해야 할 일은 완벽하게 길을 깔아주는 게 아닙니다. 때로는 아이가 실패하도록 지켜보는 것, 그 실패를 통과하는 과정을 믿고 기다려 주는 것. 그것이 결국 아이 내면을 단단하게 만드는 길이었습니다.

자유 속에서 실수할 기회를 선물하기

프리 레인지 페어런팅Free-Range Parenting, 방목형 육아라는 말 들어 보셨나요? '프리 레인지'는 본래 닭을 좁은 닭장에 가두지 않고 넓은 들판에 방목하는 축산 용어인데, 이를 육아에 적용한 개념입니다. 이 운동의 시작은 2008년, 저널리스트 리노어 스커네이지가 아홉 살 아들을 혼자 뉴욕 지하철에 태워 보낸 경험을 칼럼으로 쓰면서부터입니다.

그녀는 '세상에서 가장 나쁜 엄마'라는 비난과 함께 아동 방임 논란에 휩싸였지만, 오히려 아이들을 과잉보호하는 문화에 정면으로 의문을 제기했습니다. 방목형 육아의 핵심은 '방임'이 아니라, 아이에게 나이에 맞는 자율성과 실수할 기회를 주어 회복탄력성을 길러주는 것입니다.

예를 들어 초등학교 3학년 아이에게 집까지 혼자 걸어오게 하되, '낯선 사람이 말을 걸면 어떻게 할지' 사전 연습을 해보는 겁니다. 준비물을 잊었을 때, 도시락을 안 챙겼을 때도 바로 해결해 주기보다 그냥 두는 거죠. 비 오는 날 우산을 안 챙겨 젖은 양말의 불편함을 겪어 봐야, 다음엔 스스로 날씨를 확인하게 되니까요. 불편은 때로 최고의 교사입니다.

워킹맘이었던 저는 늘 걱정과 미안함이 앞섰지만, 삼 남매가 잘 헤쳐 나온 걸 보면 이 철학에 고개를 끄덕이게 됩니다. 프리 레인지 페어런팅의 핵심은 아이가 나이에 맞는 자유 속에서 실수할 기회를 갖는 것입니다. 초등학교 시절엔 준비물, 숙제, 친구 약속 같은 작은 선택들이 매일 주어지는데, 부모가 미리 손을 써 완벽한 하루를 만들어주면 아이는 결과의 주인이 될 기회를 잃게 되죠. 사춘기가 되면 선택은 더 복잡해집니다. 어떤 친구와 어울릴지, 공부와 취미의 균형을 어떻게 맞출지, 디지털 기기를 어떻게 쓸지 등 부모의 심장을 쿵쾅거리게 하는 결정들이 쏟아집니다.

프리 레인지 페어런팅의 첫걸음은 아이의 훈련이 아니라 부모의 훈련입니다. 아이를 보호한다는 명목으로 끊임없이 개입하고, 해결하고, 선제적으로 차단하는 것을 멈추는 연습 말입니다.

결국 부모가 아이에게 줄 수 있는 최고의 유산은 실패 없는 삶이 아니라, 실패를 딛고 더 강해지는 경험입니다. 이는 단순한 회복을 넘어, 사상가 나심 탈레브가 말한 안티프래질Antifragile 개념과도 통합니다. 충격을 받으면 깨지는 존재가 아니라, 오히려 충격과 시련을 통해 더욱 단단하고 지혜롭게 성장하는 존재로 키우는 것. 아이의 실패를 받아들이는 부모의 용기야말로 우리 아이를 그 어떤 미래에도 흔들리지 않는 '안티프래질'한 존재로 키워내는 첫 걸음일 것입니다.

문을 쾅 닫고 들어간 아이에게

부모는 아이 곁에서 아이를 포기하지 않고 기다려 줘야 합니다. 이 기다림의 핵심은 꾸준함입니다. 꾸준히 지켜보려면 부모가 먼저 지치지 말아야 합니다. 그래서 저는 늘 말합니다. 대충, 그러나 꾸준히. 힘을 빼지 않으면 결국 지치기 마련이니까요.

이 힘 빼기 원칙은 평온한 날보다 오히려 갈등이 폭발하는 순간에 더 절실했습니다. 특히 일하는 엄마에게 사춘기 아이는 풀리지 않는 퍼즐 같습니다. 용기 내서 다가가 "요즘 무슨 일 있어?" 하고 물으면 돌아오는 건 침묵이거나 짜증이었지요. "어차피 엄마는 모르잖아. 내가 얘기해도 엄마 생각은 똑같잖아." 이런 말을 던지고 방으로 들어가 문을 잠가 버리면, 저는 속이 부글부글 끓어올랐습니다.

첫째 딸이 사춘기를 겪을 때는 정말 대화가 어려웠습니다. 워낙 독립적인 아이라 자기 생각을 쉽게 굽히지 않았고, 제 말은 귓등으로도 듣지 않았습니다. 문을 쾅 닫고 들어가는 모습을 볼 때면, 솔직히 다시는 딸이라고 부르고 싶지 않다는 생각이 들 정도로 화가 치밀었습니다. 정수리에 찬물을 끼얹은 듯 모멸감이 확 올라왔습니다. 결국 문을 두드리며 "당장 열지 않으면 부숴 버릴 거야!" 하고 고래고래 소리를 지른 적도 있었으니까요. 그런데 그렇게 한바탕 소란을 치른 뒤에는 늘 제가 약자가 되었습니다. 아이에게 먼저 다가가 사과해야 했습니다.

"엄마가 잘못했어. 하지만 너도 엄마한테 그러는 건 아니라고 생각해. 네 얘기는 꼭 듣고 싶으니까, 지금이 아니어도 괜찮아. 언제든 말해 줘."

그러면 아이는 아주 조금씩 마음의 단서를 내놓곤 했습니다. 다행히도 쌓아온 관계의 저축 덕분이었는지, 갈등 속에서도 관계의 다리를 놓을 수 있었지요. 그렇게 수없이 다투고 화해하며 지내는 사이, 어쩌면 우리는 더 단단해졌는지도 모릅니다.

완벽하지 않아도 끊어지지 않는 애정의 신호, 그것이 아이의 내면을 안정시킵니다. 사랑한다고 말하는 것, 실수했을 땐 사과하는 것, 오늘 실패했어도 내일 다시 시작하는 것. 이 신호들을 지속적으로 보여 주는 게 부모의 역할입니다. 아이를 키우는 힘은 결국 꾸준함에서 나오니까요.

부모가 꾸준함을 유지하려면 서두르지 말아야 합니다. 자신을 채찍질하며 완벽을 요구하면 금세 지쳐 버립니다. 저 역시 워킹맘으로서 늘 부족함을 느꼈습니다. 그럴 때 가수 이적의 어머니, 박혜란 교수님의 조언이 제게는 심폐소생술 같았습니다. '청소 안 해도 괜찮다. 대충 키워도 된다. 엉터리 엄마여도 된다'는 그 말씀은 늘 자신 없던 제게 큰 위로와 희망이 되었습니다. 그래서 이제는 저도 말하고 싶습니다. 제발 대충, 그러나 꾸준히만 하세요.

완벽한 부모가 되려 애쓰며 지치기보다
그저 아이 곁을 떠나지 않는 사람, 그게 바로 부모입니다.

2장

아이가 흔들릴 때
위로보다 중요한 것은

출근하지 마, 엄마!

막내아들은 누나들보다 엄마를 많이 고파했습니다. 아들이 어릴 때, 평소처럼 출근하려던 어느 날 갑자기 차 키가 없어진 겁니다. 재판 시간까지 다가오니 진땀이 줄줄 났지요. 애들까지 불러 집안을 샅샅이 뒤지는데, 아들이 다가와 거실 책장 꼭대기를 가리켰습니다. "어젯밤 엄마 잘 때 몰래 숨겨 놨어요." 순간, '아니 저 높은 데를 어떻게 올라갔을까?' 싶어 기가 막히기도 하고, 엄마를 집에 붙잡고 싶은 그 마음이 짠하기도 했습니다. 재판 시간에 맞춰 허겁지겁 달려 나가는데 눈물이 나더군요.

퇴근 후 "엄마 왔다!" 하고 문을 열면, 퉁퉁퉁퉁 소리를 내며 제일 먼저 쪼르르 달려오는 건 늘 아들이었습니다. 공룡을 좋아해 실내

복도 공룡이 그려진 것만 골라 사주었는데, 지금도 그 모습이 눈에 선합니다. 그렇게 엄마 껌딱지였던 아이도 결국은 시간의 흐름을 이기지 못하더군요. 언젠가부터는 엄마를 먼저 찾는 일이 눈에 띄게 줄었습니다. 고민도 불평도 많을 십 대가 되니, 엄마 아빠는 늘 두 귀를 열고 비상 대기 중인데, 아이는 입을 꾹 다물고 털어놓질 않았습니다.

대신 세 살, 다섯 살 터울 누나들이 아들의 전속 상담사가 되었습니다. 삼 남매 단톡방에서는 시시콜콜한 잡담부터 학교생활, 공부의 어려움까지 다 쏟아냈지만, 엄마 아빠에게는 한마디도 하지 않더군요. 자율적으로 해결하니 좋은 방향이겠거니 하다가도, 마음 한구석에선 서운함이 스멀스멀 올라왔습니다. 품 안의 자식이라더니, 벌써 엄마 품을 벗어나는구나 싶어서요.

그럼에도 아들이 엄마를 찾는 순간이 있었습니다.
"엄마, 이번 시험 망쳤어요."
"엄마, 이러다 엉망이 되면 어쩌죠?"
그럴 땐 꼭 전화를 걸어왔습니다. 시험으로 평가받는 입시 시스템 안에서 성적은 곧 미래에 대한 불안으로 이어질 수밖에 없으니까요. 그 불안을 녹여 줄 대상은 역시 엄마 품밖에 없었던 거겠지요. 그래서 미안한 얘기지만, 시험을 망쳤다는 소식을 들을 때 저는 오히려 은근히 반가웠습니다. 아직도 이 아이가 엄마를 찾는구나, 하고요.

막내아들이 고3 때는 이런 일이 있었습니다. 차로 기숙사에 데려다주던 일요일 저녁, 평소에는 뒷좌석에서 이어폰을 꽂고 눈을 감은 채 말 한마디 없이 있다가, 도착하면 "갈게요" 하고 무뚝뚝하게 뒷모습만 보이던 녀석이 그날따라 유독 힘이 없어 보였습니다. 막내가 이어폰을 빼더니 조심스럽게 말했습니다.

"엄마, 내가 능력이 없는 것 같아 속상하고 우울해요. 정말 해낼 수 있을지 잘 모르겠어요." 그 순간 저는 무슨 말을 해줘야 할지 몰라 잠시 멈칫했습니다. 그저 이렇게 말했지요.

"그래, 아들…… 그래서 힘이 없어 보였구나. 어쩐지." 그러고 나서야 마음속으로 '이제 무슨 이야기를 해줘야 할까?' 하는 고민이 밀려왔습니다.

흔들리지 않는 나무는 죽은 나무야

"아들아, 얼마 전에 엄마가 들은 이야기가 있는데 들어볼래? 엄마도 그 이야기를 듣고 나니까 마음이 참 편해지더라." 제가 묻자, 막내가 고개를 끄덕였습니다.

"어떤 사람이 있었는데, 자기 삶이 너무 불안정하고 흔들려서 지쳐버린 거야. 그러다 어디선가 '흔들리지 않는 나무가 있다.'라는 말을 들은 거지. 그 사람은 흔들림이 없는 안정과 고요함이야말로 진정한 삶의 이상이라고 믿었거든. 그래서 결국 그 나무를 찾아 길을 떠났대.

한참을 헤매다 드디어 깊은 숲속에서 꿈에 그리던 나무를 발견했어. 바람이 세차게 부는 날이었는데, 이상하게도 저 멀리 한 그루 나무만 바람 한 점에도 흔들리지 않고 우뚝 서 있더래. '아, 내가 드디어 찾았구나!' 너무 기뻐서 그곳까지 서둘러 달려갔지. 그런데 가까이 다가가 보니 뭔가 이상했어. 그 나무는 이미 죽어 있었고, 속은 텅 비어 있었던 거야. 살아 숨 쉬지 않았기 때문에 흔들리지 않았던 거지.

엄마는 그 얘기를 듣고 참 위로가 많이 됐어. 엄마가 도종환 시인의 「흔들리며 피는 꽃」을 좋아하거든. 너도 꼭 한번 읽어봤으면 좋겠다. 흔들림 없는 삶이란, 사실 죽은 삶이야. 지금 네가 불안하고 힘든 건 너무 당연한 거야. 그 흔들림이 바로 너를 자라게 하고, 결국 성장시킬 거거든."

아들은 아무 말 없이 제 이야기를 끝까지 들어주었고, 차 안에는 다시 침묵이 흘렀습니다. 아들은 고개를 끄덕이더니 이어폰을 다시 끼고 눈을 스르르 감았습니다. 거울 너머로 살펴보니 아이 표정이 한결 편안해진 듯 보였습니다.

엄마의 말, 귀담아듣게 하려면

부모라고 늘 정답 주머니를 품고 있다가 필요할 때마다 척척 꺼내 보일 수는 없습니다. 저 역시 고민이 생기면 책을 찾아 읽거나 좋은 강의를 들으면서 답을 찾는 편이에요. 마음에 와닿는 글이나 강의가 있으면 가족 단톡방에 공유하기도 했습니다. 그런데 그마저도 아이들에게는 엄마의 잔소리로 들렸는지, 잘 보지도 않고 보고 나서도 투덜거릴 때가 더 많았지요. 그래도 그날 제가 들려준 흔들리지 않는 나무 이야기는 아이 마음에 도움이 된 것 같아서 다행이었습니다.

사춘기 아이들과 대화를 나누면서 가장 어려운 점은 뭘까요? 바로, 같은 말이라도 어떤 어조로 말해야 하는지, 또 어느 시점에서 멈춰야 하는지를 결정하는 겁니다. 만약 제가 "그래, 잘 만났다!" 하며 소매를 걷어붙이고 일장 연설을 늘어놨다면요? 아마도 아이는 귀를 막아 버렸을 겁니다. 아무리 좋은 말도 길어지고 훈계조가 되면 아이 마음에는 닿지 않습니다.

얼마 전 기사에서 본 사례가 아직도 생생합니다. 서울대 조교에게 아이 학점을 인정할 수 없다며 항의 메일을 보낸 학부모 이야기,

또 몇 년에 한 번씩 터지는 '시험지 절도 사건'. 아이를 1등 만들겠다고 시험지를 훔쳐 오다니요. 과연 그런 부모 밑에서 자란 아이가 사회에 나가 제대로 성인으로 성장할 수 있을지 의문입니다. 그 부모님들은 그런 미래까지 생각해 본 적이나 있을까요?

사춘기 아이들이 흔들릴 때, 부모는 그것을 위험이라고 생각하며 빨리 진정시키려 합니다. 하지만 조금만 멀리서 바라보면, 그 흔들림은 아이가 내면의 뿌리를 더 깊이 내리고자 하는 몸짓일지도 모릅니다. 저는 늘 사춘기 아이들을 인공위성에 비유하곤 합니다. 사춘기 아이의 마음은 부모라는 좁은 세상을 떠나 더 큰 세상을 보고 싶어 쏘아 올려진 인공위성 같아요. 그런데 부모가 아이를 부정한다면, 그 인공위성은 다시 돌아오지 못하고 우주를 떠돌 수밖에 없지 않을까요?

부모가 할 일은 단순합니다. 아이가 실컷 흔들리고도 돌아와 쉴 수 있는 고요한 품이 되어 주는 것. 그럴 때 아이는 조금씩 말문을 열고, 자신이 흔들리며 성장하고 있음을 깨닫습니다. 아이가 흔들릴 때 부모는 바람이 아니라 뿌리가 되어 주세요.

**흔들림은 무너지는 소리가 아닙니다.
아이가 더 깊이, 더 단단하게 뿌리 내리고 있다는
증거입니다.**

3장
세 아이를 스스로 공부하게 만든 것

지극히 현실적인 공부 목표

지인들과 저녁 식사를 하던 자리, 우연히 첫째가 함께한 적이 있었습니다. 당시 막 서울대에 입학했던 터라 사람들의 시선이 자연스레 첫째에게 쏠렸습니다. 지인 중 한 분이 이렇게 물었습니다.

"공부를 열심히 할 때는 동기 부여가 중요한데, 넌 어떤 목표를 세우고 공부했니?"

저도 귀가 번쩍 열렸습니다. 과연 무슨 대답을 할까? 첫째 딸이라 저와 참 많이 부딪히고, 둘째처럼 말을 예쁘게 하는 아이도 아니라서 솔직히 어떤 말을 할지 감이 잡히지 않았습니다. 첫째가 대답했습니다.

"엄마가 독립적으로 사는 걸 보면서, 나도 엄마처럼 살아가려면 어떻게 해야 하는지 생각했어요."

순간 가슴이 뭉클했습니다. 첫째는 이야기를 이어갔습니다. 자신은 동생이 두 명이나 있고, 엄마 아빠가 물려줄 재산도 없는 데다, 설사 물려준다 해도 삼등분하면 받을 몫이 얼마 되지 않을 거라고요. 그러니 엄마처럼 독립적으로 살려면 돈을 벌어야 하고, 돈을 잘 벌려면 좋은 대학에 가는 게 유리할 거라고 생각했다는 겁니다.

첫째의 때 묻지 않은 솔직함, 그리고 지극히 현실적인 공부 목표에, 자리에 있던 모두가 고개를 끄덕였습니다. 저 역시 놀랐습니다. 엄마처럼 살아야겠다는 목표로 공부했다니요. 어릴 때부터 줄곧 변호사가 되고 싶다고 말해왔던 둘째였다면 그랬구나 하고 쉽게 이해했을 겁니다. 하지만 첫째는 제 서툰 모습, 억척같이 살아내던 제 뒷모습까지 다 지켜본 아이라 우리는 자주 부딪히고 토라지던 모녀지간이었거든요. 그래서 그 말이 더 뜻밖이었습니다.

첫째는 또 이렇게 덧붙였습니다. 친정까지 책임지느라 고군분투하던 엄마의 모습이 오히려 대단해 보였다고요. 그 말을 듣는데, 이미 눈물이 앞을 가렸습니다. 안 그래도 눈물이 많은데, 그 자리에서 눈물 콧물을 흘리지 않을 수 없었습니다. 내 품에서 열아홉 해를 보낸 것만으로도 감사한데, 아이가 대학이라는 목표를 향해 달려가는 여정 끝에서 '엄마의 모습'을 떠올렸다는 사실이 얼마나 감격스러웠는지 모릅니다.

부모한테 대학 등록금 기대하지 마

저는 어릴 적부터 가정 형편이 넉넉하지 않았습니다. 누구 하나 그렇게 하라고 시킨 사람은 없었는데, 괜히 마음속에 내가 가족을 책임져야 한다는 무거운 짐을 짊어지고 살았습니다. 대학 등록금도 당연히 제 힘으로 마련해야 한다고 믿었지요. 그래서 전액 장학금을 받을 수 있는 길을 찾아 고시 장학생을 선택했습니다.

그런데 설상가상, 엄마가 큰 사기를 당하면서 저는 본격적인 K-장녀의 삶을 살게 되었습니다. 번듯한 정장 한 벌, 명품 가방 하나쯤 사고 싶을 때가 있었지만, 변호사가 된 뒤에도 우선순위는 늘 부모님의 생활비였습니다. 동생들도 그냥 지나칠 수 없으니, 허리가 휘청거리는 날도 많았습니다. 지금 이 글을 쓰고 있는 순간까지도, 어쩌면 앞으로도 부모님 생활비는 제 몫일 겁니다.

이런 배경 때문이었을까요. 저는 아이들에게 단호하게 말했습니다. 스무 살이 되면 독립해야 한다고요. 저는 아이들이 독립에 대해 잘 모르는 어린 나이일 때부터 이 메시지를 반복했습니다.

하나, 대학 등록금은 스스로 마련해라.
둘, 엄마 아빠는 너희에게 물려줄 재산이 없다.
셋, 그러므로 독립해야 한다.

자녀 교육의 최종 목표는 결국 독립이라는 사실을, 제 방식대로 날 것 그대로 전한 거지요. 독립의 중요성은 아무리 강조해도 지나침이 없습니다. 세계 명문가들의 자녀 교육 원칙만 보아도 그렇습니다. 케네디, 게이츠, 퀴리, 톨스토이 가문 모두 몇 대에 걸쳐 훌륭한 인재들을 배출해 왔습니다. 도대체 어떤 힘으로 그렇게 자손들을 인재로 길러낼 수 있었을까요?

그 원천은 바로 독립입니다. 퀴리 가문은 자립을 당연한 삶의 태도로 삼았고, 게이츠 가문은 큰돈을 물려주면 창의적인 아이로 자라지 못한다고 믿으며 자녀 교육의 원칙을 세웠습니다. 이미 부와 명예를 갖춘 명문가들조차, 아이의 독립성과 책임감을 키우기 위해 다양한 방식으로 교육하고 경험을 쌓게 해왔던 것입니다.

세 자녀가 서울대 간 비법이요?

첫째가 말한 독립적인 엄마는 돈 잘 버는 엄마도 아니고 변호사 엄마도 아닙니다. 어떤 고비도 이겨내고, 묵묵히 열심히 일하며, 긍정적으로 사고하는 엄마. 그게 바로 아이 눈에 비친 독립적인 엄마였을 겁니다.

아이는 부모를 보고 자랍니다. 결국 부모가 가진 삶에 대한 태도, 그것이 곧 아이들의 공부 환경이 됩니다. 명문대를 나온 부모가 매일 같이 "공부해!" 하고 화만 내고, 여유 없이 이웃에게 짜증만 낸다고 해 봅시다. 아이는 무슨 생각을 하게 될까요? 그렇게 해서 좋은 대학을 목표로 공부하는 게 과연 의미 있을까요?

　세 자녀가 전부 서울대에 합격한 비법이 뭐냐고, 인터뷰 자리에서 질문도 여러 번 받았습니다. 솔직히 자식을 키우는 데 무슨 비법이랄 게 있겠습니까. 저도 그런 건 생각해 본 적도 없어서 늘 난감했지요. 그런데 많은 분이 그렇게 궁금해하시니, 저도 곰곰이 생각해 보게 되었습니다.

제가 내린 답은 역시 '독립'입니다. 독립을 향한 큰 그림을 아이 스스로 그려야 합니다. 그리고 그 독립을 위해 어떤 조건이 필요한지 하나하나 따져보는 과정이 있어야 합니다. 여기서 중요한 전제가 있습니다. 아이가 건강하게 자기 생각을 뻗어 가려면, 삶에 대한 건강한 자세가 부모에게 먼저 자리 잡고 있어야 한다는 겁니다. 부모가 먼저 삶을 성실하게 살아내고, 긍정적인 태도를 보일 때 아이도 독립을 꿈꿀 수 있습니다.

　혹여 아이가 세운 독립의 목표가 부모 마음과는 다른 길이라 해도, 그 길은 절대적으로 존중해 주어야 합니다. 그래야 아이는 또 다른 꿈을 꾸고, 그 꿈을 향해 당당히 나아갈 수 있습니다.

부모가 힘을 빼고 곁을 지켜 줄 때,
아이들은 스스로 힘을 냅니다.

PART 2

내 아이는 안 된다? 뭘 해봤는데?

지금 부족하다고 해서 영원히 부족할 것도 아니고,
지금 더디다고 해서 계속 느릴 것도 아닙니다.
아이에게 필요한 건 부모의 단정이 아니라 기다림입니다.

4장
끈기 없는 아이로 만들고 싶지 않다면

난 끈기가 없어서 안될 거야

부모가 된다는 건 새로운 생명을 키우는 일이면서, 동시에 다시 '나'를 살아내는 일이기도 하죠. 아이를 키우다 보면 자꾸 멈춰 서서 묻게 됩니다. '나의 어린 시절은 어땠지?' '우리 부모님은 어떤 분들이었지?' 그렇게 '과거의 나'와 부모님을 다시 만나고 나면, 지금의 제가 조금은 이해되고, 그때 부모님의 마음도 헤아려지면서 아이를 바라보는 저만의 기준점이 생기더군요.

저는 전라남도 함평군 시골 마을에서 태어났습니다. 그리고 아버지에게서 특별한 홈스쿨링을 받았죠. 아버지는 초등학교 교사였고, 비교적 늦은 나이에 어머니를 만났습니다. 그 탓에 바로 밑 여동생과는 겨우 16개월 차이. 저는 엄마 젖도 제대로 못 얻어먹었지만, 대신 할머니의 사랑을 듬뿍 받으며 자랐습니다. 부모님은 이후로 남동생 둘을 더 낳으셨고, 맡겨질 곳이 없던 저는 국민학교 청강생으로 들어가게 됐어요. 여섯 살에, 학교에 입학했다 하면 사람들은 종종 "신동이었나 봐요?" 하고 놀라지만, 사실은 이런 우여곡절 끝에 국민학교에 들어가게 된 겁니다.

교사였기에 아버지는 더 걱정했던 걸까요. 아버지표 특별 과외가 시작됐습니다. 공부 시간은 새벽 6시, 아버지 출근 전이었습니다. 아침잠이 많은 저는 매일 졸린 눈을 비비며 책상 앞에 앉았습니다. 기역 쓰는 법부터 시작해 모눈 노트에 같은 글자를 반듯하게 빼곡히 채워 써야 했지요. 글자가 비뚤거나 빈칸이 있으면 바로 혼이 났고요. 억지로 한글을 뗀 뒤에는 곧바로 읽기 연습이 시작되었습니다. 아버지는 어린 저에게 「국민교육헌장」을 읽게 하셨어요.

  요즘은 모르는 분이 더 많을 텐데, 1968년에 박정희 대통령이 발표해 당시 중·고등학교에는 암송 대회까지 있을 정도였습니다. 어린 저는 뜻도 모르고 재미도 없었지만 매일 새벽 읽었고, 얼마나 많이 읽었는지 지금도 암기할 정도입니다.

이렇게 시작된 아버지의 홈스쿨링은 매우 엄격했습니다. 학습뿐 아니라 생활 감독도 철저했지요. 아버지가 직접 깎아 필통에 나란히 넣어 주신 연필을 하나라도 잃어버리면 잔소리가 시작됐고, 학습지를 빠뜨린 날엔 호통이 이어졌습니다. 그럴 때면 저는 자책하며 반성했고, 그 시간이 쌓여 아버지의 평가는 제 가슴에 지워지지 않는 낙인이 되었습니다. 그래서일까요. 무슨 일을 시작하려고만 하면 '난 끈기가 없어서 안 될 거야'라는 생각이 아버치의 호통처럼 늘 저를 괴롭혔습니다.

그땐 몰랐습니다. 그 모든 엄격함의 밑바닥은 저를 향한 사랑과 기대였다는 걸요. 어린 저에겐 그저 엄격함만 보였으니까요. 하지만 지금은 압니다. 그 마음을. 그래서 더 안타깝고, 그래서 더 고맙습니다.

여섯 번의 실패가 내게 알려준 것

아버지가 남긴 그 낙인을 지우는 데는 생각보다 오랜 시간이 걸렸고, 지금도 여전히 싸우고 있습니다. 칠칠맞지 못해 물건을 자주 잃어버리지만 그래도 대부분 다시 찾아냅니다. 친한 오빠는 "소영아, 아가는 어디 흘리지 마라" 하고 놀리기도 했지요. 그래도 안 잃어버리고 무사히 잘 키워냈습니다.

끈기가 부족하다는 말에 붙잡혔던 저이지만, 결국 사법고시에 여섯 번이나 실패하고도 끝내 합격했고, 변호사로 25년을 살아가고 있습니다. 사람은 어디에 시선을 두느냐에 따라 완전히 다른 평가를 할 수 있어요. 여섯 번의 실패 앞에서 할 수 없다고 스스로 단정 지었다면 지금, 이 글을 쓰는 저는 없었을 겁니다. 가능성은 단정 짓는 순간 사라지고, 단정 짓지 않을 때 비로소 피어납니다.

부족함은 결핍이 아니라 기회의 공간

어린 시절에 겪었던 이런 경험은 아이들을 키우는 데 중요한 기준점이 되었습니다. 돌아보면 아버지의 잔소리는 애정과 자신의 불안이 뒤범벅된 언어였어요. '아이 뒤처질까 봐, 잘못된 길로 빠질까 봐' 하는 걱정이었지요. 그런데 그 바람은 때로 반대 방향으로 움직였습니다. 그래서 저는 아이들을 키워 오며, 아이가 부족해 보여도 결코 '넌 원래 그런 아이야'라고 단정 짓지 않으려고 다짐해 왔습니다.

부모가 된다는 건 아이를 있는 그대로 바라보는 법을 배우는 일입니다. 우리는 종종 아이의 부족한 점만 보고 마음속으로 단정 짓습니다. '얘는 원래 이렇지, 이건 안 되는 아이지!' 그런데 부모가 아이의 가능성을 너무 일찍 단정해 버리면, 아이는 부족한 점을 채워볼 기회조차 잃습니다. 아이는 성장하는 존재입니다. 지금 부족하다고 해서 영원히 부족할 것도 아니고, 지금 더디다고 해서 계속 느릴 것도 아닙니다. 아이에게 필요한 건 부모의 단정이 아니라 기다림입니다.

부모의 평가는 믿음으로 바뀌어야 합니다. 아이의 부족함을 볼 때 '무엇을 채우면 좋을까?'를 먼저 질문해야지요. 부족함은 결핍이 아니라 기회의 공간입니다. 아이가 자라고 싶은 만큼, 부모도 함께 자라야 합니다. 아이의 연약함을 감싸안고, 결핍을 채워주되, 무엇보다 아이를 쉽게 단정 짓지 않는 부모가 되어야 합니다.

아이를 믿고 기다려 주세요.
부모의 믿음은 아이의 내일을 바꾸는 가장 강력한 마법입니다.

5장
전교 1등이 왕따가 된 사연

달리는 말에 채찍질하던 아버지

조기 입학, 조기 유학, 4세 고시, 7세 고시. 요즘도 그렇지만 삼 남매가 어릴 적에도 부모들을 불안하게 만드는 속도 경쟁은 늘 있었습니다. 남들보다 한발 앞서야 한다는 조급함이었지요. 빠르면 네 살 즈음부터 학습을 시작한 아이들이 많았습니다. 그런데 솔직히 말씀드리면, 그 아이들이 지금 훨씬 멀리 가 있는 것 같지는 않습니다. 아이들은 나이에 맞게 꼭 겪고 배워야 할 것들이 있다고 저는 믿습니다. 그 시간을 건너뛰면, 인생은 언젠가 반드시 그 시간을 다시 겪게 만드는 것 같아요.

저 역시 그런 조급함을 아버지 밑에서 뼛속 깊이 체험했습니다. 아버지의 채찍질은 공부 경쟁에서 앞서가게 만들었지만, 동시에 다른 길에서는 넘어뜨렸습니다. 달리는 말에 채찍질한다는 주마가편走馬加鞭이 가장 싫은 한자성어가 되었습니다.

그 덕분에 저는 또래보다 두 살이나 어렸고, 국민학교 1학년이 끝날 무렵부터 성적으로 조금씩 친구들을 앞서 나가기 시작했습니다. 성과를 확인한 아버지는 멈추지 않았습니다. 주산 학원, 피아노 학원에 이어 웅변 학원, 컴퓨터 학원까지……. 쉼 없이 내달렸지만 전교 1등을 해도 아버지는 칭찬 한마디 없었습니다. 그저 더 높은 곳을 향해 채찍질했습니다. 아이였던 제 입장에서는, 이미 달리는 말인데 왜 또 채찍을 맞아야 하는 걸까 의문만 들었습니다.

전교 1등, 그러나 외톨이

그 시절, 저는 서서히 왕따가 되어가고 있었습니다. 아버지의 요구도 열심히 따라가려 했고, 친구들과도 가까이 지내려고 무척 애를 썼지만 문제는 늘 같았습니다. 원래 운동 신경이 없는 데다 두 살이나 많은 친구들에 비해 신체 발달도 느리다 보니 고무줄이나 공기놀이 같은 건 제대로 할 리가 없었습니다. 저는 친구들과 놀고 싶어서 어떻게든 끼어 보려 했습니다. 친구들과 할 놀이를 집에서 혼자 연습까지 열심히 했습니다. 그런데도 잘 끼워주질 않더군요. 애써 노력했지만, 친구들과의 거리는 좁혀지지 않았습니다.

결국 사건이 터진 건 5학년 때였습니다. 4학년까지만 해도 성적

순으로 반장·부반장을 뽑았는데, 5학년부터는 인기투표로 규칙이 바뀌었습니다. 저는 늘 성적으로 부반장을 도맡아왔고, 주산 학원 덕분에 선생님들이 해야 할 성적 계산까지 대신할 정도라 선생님들 사이에서는 인기가 좋았습니다. 그러니 규칙이 바뀌더라도 큰 문제가 없을 거라 믿었습니다. 그런데 결과는 충격이었습니다. 인기투표에서 꼴찌를 한 겁니다.

선거에서 떨어진 것 자체는 크게 아프지 않았습니다. 진짜 문제는 그다음이었습니다. 옆 반 체육 선생님이 저를 복도로 따로 불러내셨습니다. 그리고 제 인생 최고의 '일장 훈계 연설'을 퍼부으셨습니다.

"네가 아무리 공부를 잘한다고 해도 다 소용없다. 친구들과 아무런 소통을 못하는 건 큰 문제다. 반에서 친한 친구가 누가 있지? 넌 운동도 못해서 아이들과 어울리지도 못하잖아. 투표 결과가 바로 네 상황을 보여주는 거다. 반성해라."

그 말들은 어린 저에게 태어나 한 번도 들어 본 적 없는 잔인한 내용이었습니다. 공부만으론 안 된다는 뼈아픈 경고였지요. 그 사건은 제 인생에 엄청난 화두를 던져 주었습니다. 전교 1등이었지만, 동시에 외톨이였던 모습을 직면했습니다. 그날 선생님의 말은 제 마음에 지워지지 않는 각인으로 남았습니다. 인생에서 처음으로

'나'라는 사람을 돌아보게 된 순간이었습니다. 동시에 처음으로 '타인'을 의식하게 된 사건이기도 했습니다.

공부보다 짜릿했던 첫 반항

몇 년 전 우연히 국민학교를 같이 다닌 친구를 만났습니다. 그 친구가 기억하는 저는 이랬답니다. '수업 열심히 듣고, 쉬는 시간엔 화장실만 다녀오고 곧바로 앉아 공부만 하던, 말 없는 아이.'

당시 제 모습은 정말 그랬습니다. 친구들은 모두 69년생 닭띠였는데, 저만 71년생 돼지띠였고, 게다가 운동을 안 해서 뚱뚱하기까지 했으니까요. 별명은 '양돼지'. 만화에나 나올 법한, 그런 미련한 공부벌레였습니다. 반장 선거에서의 충격 이후, 제 머릿속은 온통 뒤엉켜 있었습니다. '아빠에 대한 반항심, 친구에 대한 호기심, 친구를 만들고 싶은 열망.' 그 파도에 휩쓸린 저는 결국 비뚤어진 선택을 했습니다.

친구가 가져온 풍선껌을 수업 시간에 씹으며 누가 제일 크게 불 수 있는지 내기를 하고, 시험을 보면 친구들에게 답안지를 다 보여주며 인기를 얻으려 했습니다. 주산 학원을 가야 할 시간에 몰래 만화방에 들러 수십 권의 만화책을 읽기도 했습니다. 그러다 아버지에게 들키는 일도 있었습니다. 아버지는 화를 내시며, "주산 학원에 안 갔으니 주판으로 맞아야지!" 하고 종아리를 때리셨지요.

그런데 저는 종아리를 맞으면서도 속으로 이렇게 생각했습니다. '피아노 학원 안 간 걸 들켰으면 피아노로 맞을 뻔했는데, 차라리 주판이 다행이다.' 그만큼 반항심은 쉽게 꺾이지 않았습니다. 왜냐하면 친구들과의 관계에서 얻는 기쁨이, 공부에서 얻는 성취보다 훨씬 더 짜릿하고 행복했으니까요.

아버지의 속도를 억지로 따라가다 결국 힘에 겨워 넘어졌던 경험. 그것은 제가 아이들을 키우면서 선행 학습에 목매지 않을 수 있었던 중요한 근거가 되었습니다. 아버지의 채찍질 아래 전교 1등 외톨이로 힘겨워했던 그 경험은, 훗날 제가 아이들을 키우며 결코 '속도'를 강요하지 않겠다고 다짐하게 된 가장 큰 이유가 되었습니다. 부모의 속도가 아니라, 아이 자신의 속도를 믿어 주세요.

아이는 자신만의 속도로 자라고,
그 속도에 맞춰 꽃필 때 가장 아름답게 성장합니다.

6장
영재 테스트, 왜 해요?
더 중요한 게 있는데

영재도 주말에는 쉬어야죠

얼마 전 tvN 방영 TV 프로그램 〈일타맘〉에 출연할 기회가 있었습니다. 당시 진행자는 저에게 아이들에게 영재 테스트를 해본 적이 있느냐고 물었습니다. 저는 아이들이 영재이기를 크게 바라지 않아 먼저 테스트를 받게 한 적은 없었습니다. 막내가 영재교육원 추천을 받아 수업을 듣게 되었을 때도, 저는 '주말에는 쉬어야 한다!'라는 생각에 그만두게 했습니다.

덕분에 초등학교 시절 우리 아이들은 방과 후나 주말, 방학이면 셋이서 어울려 놀거나 동네 친구들과 뛰어놀 수 있었습니다. 그 시간이 오히려 더 소중했습니다.

아프리카 속담에 이런 말이 있지요. '빨리 가려면 혼자 가고, 멀리

가려면 함께 가라.' 아이가 살아내야 할 인생은 단거리가 아니라 먼 여정입니다. 공부도 마찬가지입니다. 언제나 재미있고 잘하기만 할 수는 없는 일이지요. 그래서 더 필요한 게 있습니다. 바로 함께 고민을 나누고, 격려해 줄 친구입니다. 혼자 잘하는 것보다 '함께 잘 지내는 능력'을 키우는 것이 훨씬 더 중요합니다.

성적표에는 없는, 그러나 정말 중요한

토끼와 거북이 이야기를 강연이나 방송에서 자주 인용하곤 합니다. 우리가 알아야 할 모든 것은 유치원에서 배운다는 말도 있지요. 옛날 우화나 동화 속 교훈은 성인이 된 지금도 매우 유의미한 것 같습니다. 시작이 빠르다고 해서 결승점에 먼저 도착하는 것은 아니지요.

토끼와 거북이 이야기는 누가 빠르냐가 아니라, 자신의 속도를 알고 그 속도로 꾸준히 가는 것의 가치를 일깨워줍니다. 중요한 건, 토끼와 거북이는 애초에 전혀 다른 조건과 강점이 있는 존재라는 점이지요.

아이들도 그렇습니다. 토끼처럼 빠르게 이해하고 앞서가는 아이가 있는가 하면, 거북이처럼 차근차근 배운 내용을 쌓아가는 아이도 있습니다.

부모는 아이가 토끼인지 거북이인지 억지로 정하려 들기보다, 그 아이의 고유한 걸음걸이를 이해하고 응원해 주는 사람이 되어야 합니다.

공부, 시키기 전 뇌발달부터 살펴야

요즘 부모는 청소년기 두뇌 발달에 대해서도 관심이 높습니다. 제가 아이를 키울 당시만 해도 비교적 생소한 주제였지만 그래도 아이들 공부 시기를 조정하는 데 신경 써서 챙겼던 몇 가지 두뇌 발달 주제가 있습니다.

우선 전전두엽 발달 과정입니다. 전전두엽은 이성과 통제, 의사결정, 충동 조절 같은 기능을 담당하는 핵심 영역인데, 보통 청소년기를 지나야 발달이 완성됩니다. 무리하게 학습에만 매진하느라 대인관계나 정서 발달에 소홀히 하면 전전두엽 발달 시기를 놓칠 수도 있습니다.

또래 친구들과 잘 어울리고 갈등을 조율하는 방법을 배우는 시간, 감정을 표현하고 타인을 배려하는 방법을 연습하는 시간은 아이 인생의 기초 체력인 정서지능을 기르는 매우 소중한 경험입니다. 훗날 사회에서 필요한 공감력과 협업 능력을 키우는 가장 중요한 훈련인 셈이지요. 실제로 사회성과 정서 조절 능력이 높은 아이가 학업 성취도 또한 높고, 학교 생활에 대한 만족감도 크다는 연구가 꾸준히 발표되고 있습니다.

협력, 의사소통, 공감, 갈등 해결력은 단지 친구를 사귀기 위한 도구가 아니라 미래 학습 역량과 직결되는 핵심 능력이 되었습니다. 그런데도 여전히 많은 부모가 오직 선행 학습에만 집중하고 있습니다. 성적표에는 숫자로 남지 않지만, 아이의 평생을 지탱할 가장 중요한 힘은 바로 사람과 어울려 살아가는 힘이라는 걸 기억해야 합니다.

한걸음씩 함께 내딛다 보면

아이는 또래와 함께 어울리며 문제를 해결하고 협력하는 경험 속에서 지식을 더 깊이 이해합니다. 또래와의 상호작용은 단순한 놀이가 아니라 사고력과 언어 능력을 발달시키는 중요한 교육의 장입니다. 그래서 저는 선행 학습을 해야 하느냐, 말아야 하느냐를 고민하기 전에 이 질문을 먼저 던져보아야 한다고 생각합니다. 우리 아이가 지금 친구와 잘 지내고 있나요? 함께 배우고 함께 성장하고 있나요?

솔직히 저는 사교육에 대해 열린 입장입니다. 워킹맘으로서 직접 아이들 학습을 세세히 챙기기에는 한계가 있었기에, 학원의 도움을 받지 않을 수 없었습니다. 그러나 한 가지 원칙은 지켰습니다. "이거 안 하면 뒤처집니다." "왜 아직 안 하고 계세요? 어머님, 늦으셨어요." 이런 식으로 엄마들을 포모 증후군에 빠뜨리는 학원 설명회는 가지 않았습니다. 그런 말을 하는 학원에는 아이를 보내지도 않았습니다.

아이들의 속도를 존중해 주었더니 처음에는 조금 느렸고, 중간에 실패도 있었지만 결국 잘 극복하고 삼 남매 모두 자기 길을 잘 걸어왔습니다. 드라마 〈SKY 캐슬〉에서 김주영 선생(김서형 분)이 했던 대사가 떠오릅니다.
"어머님, 믿으셔야 합니다!"

정말로 믿으셔야 합니다. 인생은 한 방에 이루어지는 게 아닙니다. 한걸음, 또 한걸음을 내딛다 보면, 어느 날 문득 멀리 와 있는 아이를 발견하게 될 겁니다.

아이의 속도를 믿고 기다려주는 부모의 마음,
그 마음이야말로 가장 아름다운 교육입니다.

7장
집중력, 부모도 키울 수 있다

우아한 육아는 없다

병원 침대 위에서 아이를 낳던 순간, 수술대 위에서 눈을 감았던 순간, 진통이 시작되고도 몇 시간을 참아낸 순간들. 누구에게나 다르고 누구에게나 힘들며, 그 뒤에 남는 흔적도 오래가는 이야기입니다. 바로 그 이야기를 잠깐 해보려고 합니다.

사실 삼 남매에 관한 책을 쓰고 있는 지금도 제가 어떻게 25년을 엄마로 살아올 수 있었는지 믿기지 않습니다. 출산부터 전쟁 같은 시간이었지요. 정말 우아하게 아이를 낳고 싶었습니다. 출산을 위해 요가도 하고 수영도 배웠지요. 그런데 말짱 도루묵이더군요. 우아는커녕 남들과 똑같이 산통을 겪으며 소리를 질러대는 노산 임산부였지요. 그 이후, 저는 다시는 예전으로 돌아갈 수 없는 '엄마'

가 되었습니다.

아이를 낳자마자 사고부터 쳤답니다. 아이가 갑자기 설사를 하기 시작한 거예요. 범인은 다른 사람이 아닌 바로 저였습니다. 아이를 낳고 초유가 잘 나오지 않아 병원에서 준 분유를 타서 먹였는데, 그만 끓인 물이 아니라 정수기 온수로 타버린 것이 문제였죠. 막 세상에 나온 아이에게는 물 한 방울도 조심스러웠습니다. 또 며칠 후에는 아이에게 황달이 온 것 같다며 들쳐 안고 버선발로, 병원으로 내달렸습니다. 눈을 가리고 발가벗겨진 채 치료기 안에 놓여 빛을 쬐고 있는 아이를 보고 있으니 하염없이 눈물이 쏟아졌고, 저의 인생 궤도는 급격히 '안전한 엄마 되기' 모드로 전환되었습니다.

첫아이를 키울 때 왜 그렇게 시행착오를 많이 겪고 유난스러웠나 모르겠습니다. 나이 서른에 한 번도 상상하지 못했던 사람이 되어가더라고요. 아이의 변 색깔과 양을 체크하고 메모를 하질 않나, 변호사 사무실 문을 잠그고 들어가 유축기로 모유를 짜질 않나, 심지어 비위가 약한 제가 아이 콧물을 입으로 빨아내기도 했답니다.

엄마가 되는 건 아이와 함께 성장하는 것

여성의 뇌는 임신과 출산, 양육의 과정을 거치면서 엄마의 뇌로 바뀐다고 해요. 특히 모유 수유 과정에서 그 변화가 더 구체적으로 나타난다고 하지요. 그러니 제가 대단한 게 아니었어요. 자연의 신비로운 힘이 저를 '엄마 되기'로 이끌었던 거죠.

처음엔 '모유 수유가 아이 발달에 좋다'는 정도로 단순히만 생각했지요. 그래서 모유 수유 과정을 단지 '먹이는 과정'으로만 여겼어요. 그런데 막상 경험해 보니 전혀 달랐습니다. 훨씬 더 깊고, 감각적이고, 강렬한 순간이었습니다. 아이가 제 품에 안겨 작은 입으로 젖을 빠는 그 순간, 그 조그마한 존재가 나에게 온전히 의지하고 있다는 사실을 온몸으로 실감할 수 있었습니다.

수유할 때 엄마의 몸에서는 '사랑의 호르몬'이라 불리는 옥시토신이 폭발적으로 분비돼 엄마와 아이 사이에 강력한 애착을 만들어 준다고 하지요. 모유 수유의 순간 엄마와 아이는 스킨십, 눈 맞춤, 심장 소리로 교감합니다. 이 과정에서 엄마의 뇌 보상 시스템이 활성화되고 도파민이 분비됩니다. 그 덕에 아이를 향한 보호 본능과 사랑이 더 강해집니다. 아이의 미소, 손짓, 울음 하나하나에 엄마의 뇌가 매번 반응하면서 모성애가 깊어지는 것입니다. 생후 3년간의 교감은 아이의 사회성과 정서적 안정성을 만드는 기초 체력이 되지요.

    이렇게 보니, 모성을 단순히 본능이라고만 설명할 수는 없겠죠.

엄마가 된다는 건 관계의 과정이고, 아이와 함께 성장하는 진화의 연속입니다. 우리는 아이를 키운다고 생각하지만, 사실은 아이들이 우리를 변화시키고 있었던 것입니다.

모든 공부의 시작, 정서적 연결

젖을 뗀 뒤에는 여러 이유로 스킨십이나 눈 맞춤 같은 교감을 놓치기 쉽습니다. 아이가 걸음마를 떼고, 말을 시작하고, 학교에 들어가면서 부모는 점점 가르쳐야 한다는 압박에 시달리기 시작하지요. 수유기 때의 밀착된 교감은 점점 줄어들고, 그 빈자리를 학습과 훈육, 스케줄 같은 말들이 차지합니다. 어느새 아이의 정서보다 성적, 아이의 기분보다 결과가 먼저 보이기 시작하는 겁니다.

하지만 아이에게 정말 필요한 건 여전히 '엄마와의 연결'입니다. 공부보다, 조기 교육보다, 성공보다 앞서는 건 바로 이 연결에서 오는 정서적 안정감이지요. 갓 태어난 아기가 엄마의 심장 소리를 들으며 안정을 찾았던 것처럼, 자라는 아이도 엄마의 눈빛과 손길, 말투에서 '나는 사랑받고 있구나'라는 확신을 얻고 싶어 하는 존재입니다.

삼 남매가 혼자 늦게까지 공부하는 날도 있었습니다. 그럴 때 제가

"엄마가 옆에서 있어 줄까?"라고 물으면, 아이는 책상 옆 침대에 같이 있어 달라고 하곤 했습니다. 그렇다고 제가 채점을 해주거나 공부를 가르쳐주며 깨어 있었던 건 아니었습니다. 그냥 옆에서 잠이 들었을 뿐이지요. 그럼에도 엄마가 같이 있는 것만으로 아이에게는 위로가 되었던 날이 있었던 겁니다.

부모로부터 충분한 정서적 지지를 받은 아이들은 그렇지 않은 아이들보다 집중력이 높고, 스트레스 조절 능력이 뛰어나며, 대인관계에서도 더 안정적이라고 합니다. 사회성, 감정 조절 능력, 학습 능력 역시 모두 정서적 교감의 기반 위에서 자랍니다. 아이의 마음이 안정되지 않으면, 아무리 좋은 교육도 제힘을 발휘하지 못합니다. 안정된 정서적 토대 위에서만 아이의 뇌는 세상을 건강하게 받아들일 수 있습니다.

저녁이야, 불 끄고 잘 시간이야

안도현 시인의 시 「스며드는 것」에는 이런 장면이 묘사됩니다. 꽃게가 벌컥 쏟아지는 간장을 받으며 버둥거리다가, 마지막에 그 어쩔 수 없음을 말없이 끌어안으며 알들을 향해 속삭이듯 말을 건넵니다. "저녁이야/불 끄고 잘 시간이야" 이 구절이 제 가슴 깊이 스며들었습니다. 죽음 앞에서도 아이들을 먼저 안심시키는 그 말은,

삶과 죽음의 경계에서조차 죽음을 두려움이 아닌 휴식으로, 고통이 아닌 포옹으로 바꾸는 마법이 되었습니다.

엄마가 "괜찮아, 잘될 거야, 너는 잘할 수 있어!"라고 말해도 아이들은 다 압니다. 꼭 그렇지는 않다는 걸요. 하지만 아이는 엄마가 어떤 마음으로 그 이야기를 하는지 느낍니다. 우리는 아이를 늘 품에 안고 살 수는 없지만, 아이의 마음을 품는 일은 지금도, 앞으로도 계속되어야 합니다.

꼭 모유 수유처럼 밀착된 순간이 아니어도 괜찮습니다. 아이가 지쳐 돌아온 날, 따뜻하게 맞아주고, 눈을 맞춰주고, 어깨를 두드려주는 것만으로 충분합니다. 그 짧은 순간들이 차곡차곡 쌓여 결국 아이의 세상을 지탱해 줍니다. 그것이야말로 진짜 '엄마의 뇌'가 하는 일이니까요.

**엄마의 마음이 아이에게 스며들 때,
아이의 세상은 단단해집니다.**

PART 3

세 아이 엄마의 현실 경험담

아이가 "나 힘들어요!"라고 말할 수 있는 안전한 공간을 마련해주는 것,
그것만큼은 부모만이 할 수 있는 몫입니다.

8장
엄마는 행복을 연기하는 배우

'너를 위해'라는 위험한 말

후배 엄마들이 저에게, 아이들 공부 습관을 어떻게 만들어줬는지 자주 묻습니다. 그래서 저도 삼 남매에게 직접 물어봤습니다.

"너희들은 공부 습관을 만드는 데 엄마가 어떤 역할을 해준 것 같니?"

그랬더니 삼 남매가 한목소리로 이렇게 대답하는 겁니다.

"어? 그냥 공부는 하는 거였지. 엄마가 해준 건 없는데요?"

순간 웃음이 나오기도 했지만, 솔직히 좀 서운했습니다. 듣고 보니 사실이긴 했어요. 제가 별다른 지도를 해준 건 없으니까요. 그런데 막상 아이들 입에서 엄마가 해준 게 없다는 말을 들으니, 마음이 꽤 쓰리더군요.

어느 교수님이 이런 말씀을 해주신 적이 있습니다. 아이들을 잘 키운 부모는, 부모가 잘 키운 것이 아니라 아이들이 스스로 잘 컸다고 생각하게 키운 부모라고요. 그 말을 들었을 때는 저도 '맞아' 하며 고개를 끄덕였습니다. 그런데 막상 제 아이들이 그렇게 말하니, 머리로는 이해하면서도 마음은 쉽게 따라가지 못했습니다. '정말 머리로 아는 것과 마음이 받아들이는 건 이렇게 다르구나!' 하는 걸 그날 새삼 느꼈습니다.

'내가 너를 위해 얼마나 고생을 했는데.' 부모라면 누구나 입까지 올렸다가 삼켜본 말이지요. 아이가 공부에 집중하지 않거나 기대만큼 성과를 못 낼 때, 이 말은 종종 효율적인 경고처럼 쓰입니다.

하지만, 이 흔한 잔소리는 아이에게 심리적 압박을 주는 감정 조작이자 가스라이팅의 일종이 될 수 있습니다. 가스라이팅은 타인의 감정을 조작·왜곡해 결국은 자신을 의심하게 만드는 심리적 폭력입니다. 겉으론 헌신과 사랑처럼 보이지만, 너를 위한다는 말은 아이에게 죄책감을 주입해 자율성과 동기를 꺾는 방식으로 작동합니다. 그러면 아이는 '나는 엄마 아빠의 희생에 보답하지 못하는 나쁜 아이다'라는 인식을 갖게 되고, 공부를 긍정적으로 받아들이기보다 회피하고 싶어지지요.

죄책감은 지속 가능한 동기가 될 수 없습니다. 희생을 강조하는 건 아이의 자율성을 무너뜨리고 유능감을 떨어뜨리며, 부모와의 관계를 조건적 사랑으로 변질시킵니다. 단기적으로는 움츠러들어 책상 앞에 앉을 수 있지만, 장기적으로는 아이의 내면에 반감과 소진이 축적됩니다. 결국 오래가는 공부 습관과는 점점 멀어집니다.

공부는 아이의 삶을 위한 것이지, 부모의 보상을 위한 도구가 아닙니다. 아이가 자기 삶의 주인이 되려면 부모의 고생이 아니라 자신을 위한 이유'로 공부해야 해요. 그러려면 진짜 중요한 건, 아이가 스스로 목적과 의미를 발견하도록 돕는 일입니다.

머리로는 잘 알지만 참 어려운 일이지요. 저는 이렇게 실천해 보았습니다. 다음 이야기를 들려드릴게요.

행복을 연기한 이유

일하는 엄마로서 제 일을 보람 있고 자랑스럽게 여기는 모습을 아이들에게 보여주려 했습니다. 힘든 내색을 하지 않는, 일종의 행복한 변호사 엄마 연기였지요. 그렇게 결심하게 된 계기가 있었습니다.

아이들이 어릴 때는 먹이고 놀아주고 재우는 일만으로도 벅찼습니다. 이 고비만 넘기면 좀 나아지겠지 생각했는데, 아이들이 커가니 오히려 더 힘들어지더군요. 엄마라는 일은 감정 노동이 필요하고, 직업 의식 없이는 해내기 어려운 일이었습니다.

그러다 2006년, 셋째를 낳고 난 뒤 제 몸은 고장 난 기계처럼 경고음을 내기 시작했습니다. 노산이었던 탓에 체력이 바닥난 거지요. 어느 날 저녁 식사 중 자꾸 음식을 흘려 화장실로 가 거울을 보니, 얼굴 왼쪽 근육이 굳어 입이 일그러져 있었습니다. 병원 진단은 구안와사였습니다.

그런데 그 시기 제 아픔을 누구보다 먼저 알아차린 사람은 네 살이던 둘째였습니다. 어느 날 아이가 저를 뚫어지게 보더니, 일부러 입을 비뚤게 흉내 내며 이야기하는 겁니다. 처음엔 장난인 줄 알았는데, 계속되는 그 표정 끝에 아이가 울먹이며 말했습니다. "엄마 많이 아파? 내가 대신 아파줄게!"

그 순간 저는 고마움과 함께 묵직한 책임감을 느꼈습니다. 아이가 단순히 저를 관찰하는 게 아니라, 제 모습을 고스란히 흡수하고 있었던 겁니다. 내가 힘든 모습을 보이면 아이가, '공부해서 뭐 해, 엄마처럼 힘들게 살 텐데' 하고 생각하진 않을지, 자기가 엄마를 힘들게 한다고 죄책감을 느끼지는 않을지 하는 걱정이 들었습니다.

그래서 저는 퇴근길마다 작은 의식을 만들었습니다. 퇴근하고 돌아온 집 문 앞에서 비밀번호를 누르는 순간, 제 마음속 스위치도 함께 누르는 겁니다. '이제 나는 엄마 역할로 전환한다!' 그 작은 다짐이 저와 아이들의 하루를 바꾸어주었습니다.

엄마의 연습이 만드는 선순환

프랑스 소설가 생텍쥐페리는 이렇게 말했습니다. "아이에게 배를 만들게 하고 싶다면, 바다를 보여줘라." 공부해야 하는 이유도 결국 같습니다. '나는 이런 삶을 살고 싶다'라는 마음에서 출발하는 거죠.

같은 마음으로 저는 '칸나희망서포터즈'라는 한부모가정을 위한 공익단체를 만들어 운영하고 있습니다. 이 단체를 통해 보육원에서 지내는 소녀 네 명이 소프라노 박성희 교수님께 노래를 배울 수 있게 되었지요. 이 아이들에게 박 교수님은 바다를 보여줬습니다. 아이들을 데리고 해외공연 무대에도 함께 올랐습니다. 세상이 얼마나 넓은지, 노래가 얼마나 아름다운지 그 바다를 생생하게 보여준 거죠.

아이들은 더 열심히 노래했고, 예술고에 진학하고, 해외 무대에 설 꿈까지 꾸고 있습니다. 2년 전부터는 칸나희망서포터즈가 이 소녀들의 멘토가 되어, 영어학습을 돕고 있습니다. 멘토 선생님과 함께 공부하는 아이들은 이젠 대학을 목표로 달리고 있고요.

아이들이 꿈을 키워가려면 바라보는 세상 또한 밝고 넓어야 합니다. 그래서 저는 아이들 앞에서만큼은 힘든 내색 대신 씩씩하고 밝게 일하는 모습을 보여주려 했습니다. 그 모습이 결국 아이들에게 가장 큰 공부가 되었으리라 믿습니다.

부모라는 직업, 참 어려운 일이죠. 늘 밝은 모습이기가 제게도 물론 쉽지는 않았습니다. 그런데 신기한 건, 아이들을 위해 연기한다고 생각했던 그 시간이 쌓이자, 제 삶이 오히려 더 소중하고 자랑스러워지더라고요. 아이들 앞에서 웃다 보면 힘들었던 일들이 스르르 잊히기도 하고요. 행복해서 웃는 게 아니라 웃어서 행복해진다는 말처럼요.

때로는 삼 남매와 함께 행복하게 웃다 보니 정말 행복해지기도 했습니다. 어쩌면 웃음을 연기해서라도 아이들에게 행복한 모습을 보여주려 했던 건, 불안이 아이들에게 전염되는 것을 막기 위한 본능적 방어였는지도 모릅니다. 마치 감기처럼 감정도 무의식 중에 아이들에게 고스란히 옮겨가기도 하니까요. 이 정도면, 한번 해볼 만한 고생 아닐까요?

엄마의 감정 연습은 불안 일기로

제가 어떻게 감정을 연습했는지 조금 더 자세히 말씀드릴게요. 저는 일기를 쓰는 편은 아니지만, 하루를 돌아보고 제 감정을 들여다보는 일을 자주 합니다. 그러다 깨달았습니다. 감정이란 놈, 참 이상해요. 아침에 눈 뜨며 불안했는데도 하루를 잘 보낼 때가 있고,

아침에 벅찰 만큼 행복했다가도 오후엔 화를 내고 있기도 하죠. 다들 비슷하지 않으신가요? 그래서 저는 감정과 내 인생을 분리하려고 애썼습니다. 그 감정이 날 집어삼키지 못하도록요. 제가 불안 일기를 쓰고 달리기에 빠진 이유도 여기 있습니다. 혼자 달리는 그 시간이 제게는 명상 시간이더라고요. 터벅거리는 발걸음과 호흡에 집중하다 보면, 어느새 가벼워진 마음속에 작은 행복감이 스며오는 순간을 발견합니다.

어릴 적 피아노 배울 때처럼, 처음엔 '도레미'조차 어색하지만, 수천 번 반복 끝에 베토벤 소나타를 연주하듯, 복잡한 감정들을 체로 걸러낸 뒤 행복만 오롯이 건져 올리는 연습을 하다 보면 삶은 서서히 행복으로 채워집니다.

  우리는 대개 행복을 운이나 환경의 결과로 여깁니다. 좋은 일이 생기면 행복하고, 나쁜 일이 오면 불행하다고요. 하지만 심리학자들은 다르게 말합니다. 감정은 길들일 수 있는 것이라고요. 긍정심리학의 창시자 마틴 셀리그먼 역시 행복을 결정짓는 요소에는 의식적인 노력, 즉 연습이 큰 비중을 차지한다고 했습니다.

문제는 우리가 행복보다 불행을 반복하는 연습에 익숙하다는 점입니다. 습관처럼 불평하고, 비교하고, 불안을 곱씹지요. 나쁜 생각엔 집착하고, 좋았던 일은 금방 잊습니다. 아이를 혼낼 때도 "넌 왜 늘 그 모양이니!" "엄마를 왜 이렇게 힘들게 하니!" "널 왜 낳았나 모르겠다!" 같은 말을 습관처럼 내뱉기도 하죠. 뇌는 자주 쓰는 회로를 강화하기 때문에, 이런 상태가 지속되면 '불행 회로'가 굳어집니다. 그래서 매일 의식적으로 연습해야 합니다. 아이들에게 하던 잔소리를 나에게 돌려보는 거죠.

'태어날 때부터 모두 낙천적인 건 아니야. 연습하고, 또 연습하면 되는 거야!' 그렇게 엄마가 행복해지는 연습이 차곡차곡 쌓이면, 엄마의 표정이 달라지고, 말투가 달라지고, 관계가 달라지고, 결국 인생이 달라집니다. 우리 아이의 인생도요.

내 마음속 행복 채집통

아무 이유 없이 웃어보세요. 기분 좋은 음악을 틀고, 햇살을 한 모금 마시며 '나는 행복하다!'고 생각해 보는 것부터 시작해 보세요. 아이가 '우리 엄마가 갑자기 왜 저러지?' 하고 놀랄 만큼 말이지요.

저도 늘 몽글몽글한 순간들을 놓치지 않으려 애썼습니다. 오감을 활짝 열어 아주 작고, 아주 느리게, 조용히 다가와 마음을 살짝 간질이는 순간들을 담아두려 했습니다. 너무 흔하고 평범해서 놓치기 쉬운 순간들을요. 그렇게 모은 작은 조각들이 모여 어느새 아름다운 풍경이 되어 있었습니다. 그냥 두면 신기루처럼 사라졌을 행복의 순간들이지요.

아침 햇살이 창문 너머로 스며들고, 커튼 사이로 비치는 빛이 벽에 조용히 내려앉을 때, 저는 쌕쌕 숨 쉬며 자고 있는 아이들을 바라보곤 했습니다. 아이들 곁으로 다가가 꼬옥 안고 있으면, 그저 가만히 숨 쉬고 있는 것만으로도 제 마음 어딘가가 천천히 녹아내렸습니다.

아이들과 욕조에 나란히 몸을 담그고 있으면, 조잘조잘 물장난과 웃음이 섞였습니다. 따뜻한 물속에서 스며드는 그 정겨운 온기는 어떤 위로나 말보다도 더 깊은 평온함을 주었습니다. 가끔은 찜질방 황토방 바닥에 드러누워 달걀 껍데기를 벗기며 나누던 소소한 대화들, 땀을 빼고 마시는 식혜 한 모금의 시원함……. 그런 순간마다 어깨도 마음도 가벼워졌습니다.

하루가 저물고 아이들과 이불 위에서 뒹굴며 나누는 쓸데없는 이야기들, 여름밤 거실에 모기장을 치고 옹기종기 들어가 수다를 떨던 시간……. 다섯 식구가 한 침대에 비집고 누워 깔깔거리며 터져 나오는 웃음 속에는, 서로의 비밀과 고발 사건(?)까지 담겨 있었습니다. "뭐? 그런 일도 있었다고?" 하며 한바탕 웃곤 했습니다.

특별하지 않은 순간들이 쌓여 결국 우리의 인생을 만듭니다. 정승제 수학 선생님의 쇼츠에서 들은 말이 떠오릅니다. "행복은 미래에 있는 게 아니라 지금 발견해야 한다. 1년 뒤 대학에 가면 행복해야지, 성공하면 행복해야지, 그런 건 없다!"

행복은 기다리는 게 아니라, 오늘 발견하지 않으면 그냥 스쳐 지나갑니다. 아이도 금방 품을 떠납니다. 그러니 오늘, 마음속에 작은 행복 채집통 하나를 들고 시작해 보세요.

**행복은 운명처럼 오는 게 아니라,
매일의 연습으로 길러지는 힘입니다.**

―――― 9장 ――――
무너지는 나를 일으킨 것

아이 셋, 잘 키울 수 있을까

변호사 10년 차를 넘기며 치열한 경쟁 속에 내던져졌고, 아이 셋을 키우느라 헉헉대던 40대 초반 시절이 있었습니다. 세상과 삶이 왠지 제게만 불공평하게 느껴지던 시기였지요. '늘 왜 이렇게 힘들까?' '왜 좋아지지 않지?' '왜 나만 이렇게 져야 할 짐이 많지?' 억울함이 목까지 차올랐고, 무엇보다 '아이 셋을 낳았는데 내가 이 아이들을 잘 키울 수 있을까?' 하는 불안이 크게 자리하고 있었습니다.

얼마 전, '내 인생 한 권의 책'을 소개하는 TV 프로그램에서 출연 제의가 왔습니다. 내 인생에 결정적인 영향을 준 한 권을 꼽으라니, 쉽지 않았습니다. 책을 안 읽는 사람이라 하기엔 서운했지만, 또 다독가라고 하기도 어려웠으니까요. 인생 책이라면 재미있게 읽은 책이 아니라 삶의 중심을 흔들고 새로운 기준을 세워준 책이어야 하지 않을까, 그런 생각이 오히려 더 어렵게 만들더군요.

이리저리 고민 끝에 제가 고른 책은 조지 베일런트의 『행복의 조건』입니다. 가장 어려웠을 무렵, 이 책을 만났으니 정말 사막에서 오아시스를 만난 기분이었을까요. 한 줄 한 줄이 제 마음의 갈증을 채워주었습니다.

하버드 졸업생들이 내게 준 위로

하버드 의과대학 교수이자 정신과 의사인 베일런트 교수는 평생을 걸쳐 '인간의 삶에서 무엇이 진정한 행복과 만족을 가져다주는가?'를 연구했습니다. 그 결과물이 바로 『행복의 조건』입니다. 이 책은 무려 72년 동안 두 그룹을 추적하며 관찰한 보고서예요.

한 그룹은 모두가 부러워하는 엘리트로, 하버드대학교에 입학한 268명이었습니다. 그 안에는 존 F. 케네디 대통령, 워싱턴포스트 편집장, 유명 사업가와 소설가도 포함되어 있었지요. 또 다른 그룹은 보스턴 지역 저소득층 출신 청소년 456명이었습니다. 가정폭력, 교육 부족, 빈곤, 심지어 비행과 감옥 생활까지 겪은 사람들이 많았습니다. 이렇게 대조적인 두 그룹이 72년 후 어떤 삶을 살고 있는지, 정말 궁금하지 않으신가요?

놀랍게도, 하버드라는 최고의 교육을 받은 이들조차도 삶의 어느 순간에서는 크게 실패하거나 무너졌습니다. 어떤 참가자는 안정적 인성과 지도력으로 주목받았지만, 결국 약물 남용과 불륜, 삶의 붕괴 끝에 30대에 병으로 세상을 떠났습니다. 반면, 어린 시절 방치와 애정 결핍으로 고통받던 또 다른 참가자는 30대 중반 폐결핵으로 14개월간 입원한 경험을 계기로 정서적 전환을 맞이했습니다. 그 시간 속에서 그는 진정한 공감과 성숙한 대처를 배우며 마침내 '치유된 존재'로 살아가게 된 것이지요.

불우했던 한 참가자는 "어린 시절 나에게 사랑은 거의 없었다. 그러나 다른 사람을 돌보며 진짜 나를 찾았다."고 고백했습니다. 우울, 자살 기도, 인생의 추락처럼 보였던 삶이 '관계 회복'과 함께 전혀 다른 궤도로 바뀐 것입니다.

여러분도 잘 아시는 존 F. 케네디 대통령도 마찬가지입니다. 겉보기에는 완벽한 성공의 표본처럼 보이지만, 어린 시절 만성질병에 시달렸고, 부모와의 감정적 유대가 결핍되어 있었습니다. 평생 불안정한 건강과 심리적 부담 속에서 살았지요. 그런데도 그는 사회적 책임과 인간관계를 통해 회복의 길을 만들어갔습니다.

결국 이 책은 우리에게 이렇게 말합니다. '고난은 누구도 피해 갈 수 없다. 심지어 가장 높은 자리에 오른 사람조차도. 그리고 성공은 껍질일 뿐이다. 진짜 행복은 고난을 어떻게 통과했는가에 달려 있다.'

왜 나만 힘든지, 왜 나만 계속 실패하는지 늘 억울해하던 제게, 실패가 나만의 일이 아니라는 사실은 큰 위로가 되었습니다. 고난이 있다는 것 자체가 최종적 실패의 증거가 아니라, 인간 삶의 보편성이라는 걸 알게 된 거죠. 그래서 저는 이렇게 마음을 다잡게 되었습니다.

'다 그렇다는 거지! 좋아, 그럼 한번 해보자!'

고난을 없애주는 대신 사랑을 주기로

베일런트는 이를 '고난에 대한 방어 기제'라 불렀습니다. 그런데 그 성숙한 방어 기제는 어디서 생겨날까요? 베일런트 교수는 행복한 사람들의 공통점을 하나 찾아냈습니다. 어린 시절, 부모 혹은 누군가에게서 진심으로 사랑받은 경험이 있었습니다. 저는 여기서 제 삶에 대한 답, 그리고 아이들에 대한 답을 동시에 찾았습니다. 우리가 아이들에게 해줄 일은 고난을 없애주는 게 아니라, 아이가 고난을 잘 통과할 수 있도록 고난에 대한 방어 기제를, 마음의 회복 탄력성을 자라게 하는 사랑을 지속적으로, 제대로 건네는 것입니다. 그렇게 생각을 바꾸니, 일하는 엄마로서의 불안이 어느새 잦아들었습니다. 워킹맘으로서 아이들 곁에서 늘 챙겨주지 못한 죄책감까지도요.

그 뒤로도 저는 일과 자기돌봄 사이의 균형을 더 진지하게 고민하게 되었습니다. 지금도 감정의 동요가 일 때가 있지만 머지않아 평정심을 찾곤 한답니다. 일하는 엄마이지만 아이들과 보내는 시간의 질을 높이기 위해 노력을 많이 했습니다. 바쁜 하루 속에서도 짧게라도 서로 눈을 마주치고 웃는 시간을 만들며, 사랑을 표현하는 데 인색하지 않기로 다짐하고 꾸준히 실천하려 애썼지요. 큰아이는 제 전화번호를 "영원한 내 편"이라고 저장해 놓았더군요. 제가 해주고 싶던 바로 그 한마디도 '나는 네 편이야' 하는 말이었습니다.

프란츠 카프카는 친구에게 이렇게 썼습니다. "책은 우리 안의 얼어붙은 바다를 깨는 도끼여야 해." 『행복의 조건』은 제 안의 얼음을 깨준 도끼였고, 방향을 알려준 나침반이었습니다. 삶에서 가장 중요한 것은 '관계', 행복은 결국 '사랑'이라는 것을 여러분도 꼭 기억해주세요. 부모가 아이에게 물려줄 가장 위대한 유산은 돈이 아니라, 어떤 고난도 이겨낼 수 있다는 사랑의 기억입니다.

아버지의 자전거 선물

제 부모님과 저 사이의 사랑은 어떤 모습이었을까요? 제가 부모님께 가장 감사한 일은 큰딸인 저를 집안의 밑천으로 키우지 않고, 차별 없이 키워주셨다는 점입니다. 사법고시에 몇 번이나 고배를 마시며 20대를 보내던 시절, 주위에서는 말들이 많았다고 해요. "딸한테 무슨 그리 투자하느냐, 투자해 봤자 시집가면 끝이다, 얼른 시집이나 보내라." 이런 비아냥을 들으면서 부모님은 한마디도 말씀하지 않으셨습니다. 그땐 미처 몰랐지만, 지금 생각하면 저를 끝까지 지켜주신 사랑이었습니다.

드라마 〈폭싹 속았수다〉를 보다가 깜짝 놀란 장면이 있었습니다. 엄마 애순은 딸 금명을 차별 없이 키우려고 애쓰지만, 할머니는 "여자애가 뭘 한다고 자전거를 배우냐?"라며 막아섭니다. 저와 같은 시대를 배경으로 하고 있는데, 자전거 타는 것까지 차별이 있었다는 사실에 마음이 철렁했어요.

저는 다행히 아버지 덕분에 일찌감치 세발자전거를 탔고, 두발자전거도 아버지가 직접 가르쳐 주셨습니다. 그런데 재밌는 건, 아버지는 자전거를 못 타셨어요. 그래서 더 그러셨을까요? 아버지가 자전거를 사 오시던 날이 아직도 선명합니다. 평소 십 원짜리

하나도 아끼시던 구두쇠 아버지는 이상한 원칙을 하나 갖고 계셨습니다. '무언가를 살 땐 늘 최고로 좋은 것을 산다.'

아버지는 오랫동안 탐색하고 따져본 끝에 물건을 사 주셨습니다. 늘 유명한 브랜드 제품으로, 오래도록 쓰라고요. 특히 가전제품은 고장이 덜 나는 일본제나 독일제를 선호하셨습니다. 몇 해 전 아이들이 대학에 입학했을 때도 아버지는 또 카시오 시계를 사 주셨지요. 못 말리는 외할아버지셨죠. 아버지가 사 오신 자전거는 동네에 없는 반짝이는 두발자전거였습니다. 앞에는 하얀 바구니까지 달린 예쁜 자전거였지요. 전세방 신세였던 우리 집 형편에는 어울리지 않을 만큼 좋은 자전거라, 밤새 누가 훔쳐 갈까 봐 마음 졸이며 잠들던 기억도 있습니다. 결국 이 자전거 이야기를 하다 보니 길어졌지만, 그만큼 아버지가 저를 딸이라고 차별하지 않고 정성을 쏟아주셨다는 이야기입니다.

자전거를 타게 되면서 저는 또 다른 저를 발견했습니다. 읍내뿐 아니라 멀리, 면 단위 동네까지 다녀오고, 동생들을 태우고 언덕을 오르내리며 청룡열차처럼 놀아주기도 했습니다. 자신감이 붙자, 사촌들 앞에서 아저씨들이 타던 짐 자전거까지 몰아보기도 했습니다. 물론 조금 가다 금세 쓰러졌지만요. 하지만 그 시절에는 부모님이 제게 해주신 것들이 얼마나 큰 것이었는지 잘 몰랐습니다. 하지만 결혼하고 세상을 살아본 뒤에야 알게 되었습니다.

그때부터였을까요? 저는 도전하고 경험하고, 더 나아가 그것을 넘어서는 일을 좋아하게 되었습니다. 부모님의 행동과 가치관이 제 안에 고스란히 자리 잡은 겁니다. 부모의 생각 그릇이 곧 자녀의 그릇을 빚습니다. 그 크기와 모양, 깊이까지도요. 그래서 저는 아이들을 키우며 늘 부모인 제 모습에 더 신경을 쓰게 되었습니다.

**아이의 삶을 대신 채워주기보다, 무엇이든 스스로
채울 수 있는 마음 그릇을 빚도록 도와주세요.**

10장
엄마는 아이를 위한 어항입니다

나는 아이에게 어떤 어항인가

첫째가 중학교에 입학했을 무렵, 어느 부모교육에서 한 강사님의 어항 이야기가 큰 영감이 되어 자주 인용합니다. 강사는 부모를 어항, 자녀를 물고기로 비유했습니다. 부모는 자녀가 자유롭게 성장하도록 돕는 '어항'이라는 것이지요. 어항이 물고기에게 안전한 공간을 제공하듯, 부모의 가장 중요한 역할은 자녀에게 안정적인 환경을 마련하는 것입니다. 저 역시 특히 강조하고 노력한 부분이 '튼튼한 어항'과 '균형 있는 어항'이었습니다.

불안한 시대를 살아가는 아이들에게 부모가 주어야 할 가장 중요한 메시지는 '너는 혼자가 아니다. 나는 너를 끝까지 지켜준다.'라는 믿음이라 여겼습니다. 그것이 제가 만든 어항의 가장 큰 역할이었습니다. "부모인 여러분이 만든 어항은 지금 어떤 모습인가요?" 이 질문은 제게도 늘 되돌아옵니다.

변호사로서 이혼 상담을 하다 보면 인생의 큰 격랑 속에 놓여 있는 내담자들, 특히 자녀가 있는 엄마들이 죄책감과 불안에 힘겨움을 토로합니다. 그럴 때 저는 소송 전략만 말하지 않고, "흔들리지 않는 어항이 되셔야 합니다." 하고 말합니다.

몰려오는 불안과 미안함, 저도 엄마라 모르지 않습니다. 하지만 부모가 흔들리지 않는 어항이 되어야 그 안의 물고기가 안전하게 자랄 수 있습니다. 어항이 튼튼하고 넉넉해야 물고기도 흔들리지 않습니다. 그래서 저는 내담자와 함께 부모의 마음가짐을 다짐하곤 합니다.

부모라는 어항은 무엇보다 안정된 환경을 제공해야 합니다. 자녀가 정서적·신체적·사회적으로 안정감을 느끼며 성장할 수 있는 기반이 되어야 합니다. 동시에 어항은 튼튼해야 합니다. 부모가 정서적으로 건강하지 않다면 자녀를 제대로 지켜줄 수 없습니다. 부모가 흔들리면 자녀도 영향을 받을 수밖에 없지요. 그리고 균형이 중요합니다. 지나치게 좁거나 물이 더러우면 물고기가 병들 듯, 부모는 자녀에게 충분한 자율성을 주면서도 사랑으로 안정된 기반을 마련해야 합니다.

언젠가 물고기는 어항을 떠납니다. 부모의 역할은 자녀가 더 넓은 바다로 나아갈 순간을 준비하도록, 그 힘과 기술을 길러주는 것입니다.

네 뒤에는 엄마가 있어

상담하러 찾아온 40대 중반의 그녀는 중학생 딸을 둔 엄마였습니다. 남편의 외도 이야기를 담담히 꺼내던 그녀는, "아이 양육은 어떻게 하실 건가요?"라는 제 질문에 결국 눈물을 터뜨렸습니다.

몇 년간 이어진 부모의 다툼은 아이에게 고스란히 노출됐다고 합니다. 눈치 빠른 십 대 아이가 그 냉랭한 공기를 모를 리 없었겠지요. 아이의 성적은 곤두박질쳤고, 그녀는 "아빠도 힘든데 너까지 왜 그러니"라며 화를 내기도, "공부 좀 해라" 하며 설득하기도 했습니다. 하지만 특목고를 준비하던 아이는 연이은 시험 실패 후 방문을 닫아걸었습니다. 입도 닫고, 공부도 닫고, 학교까지 닫아버린 겁니다. 그녀는 하루 종일 침대에 누워 아무것도 하지 않는 아이를 보며, 차라리 게임이라도 하면 나을 거라며 겁이 덜컥 났다고 했습니다.

더 이상 부모의 싸움을 보여줘선 안 되겠다 싶어, 마침내 '이혼하자!' 결심하고 저를 찾아온 것이었습니다. 저는 마음이 급해졌습니다. 진심으로 모녀를 돕고 싶었습니다.

"얼른 집으로 가세요!" 제 다급한 말에 그녀의 눈물이 순간 멎었습니다. 아이와 상담센터에 가든, 여행을 떠나든, 무엇이든 손을 꼭 잡고 함께하라고 했습니다. 얼마 전 라디오에서 만난 청소년 정신의학과 교수님의 병원도 알려주었습니다. 어느 책에서 읽었던 이야기도 전했습니다. 우울증 진단을 받은 중2 아들이 약물치료를 거부했는데, 시간이 흐르며 오히려 상태가 호전된 사례였지요. 아이는 나중에 고백했습니다. 엄마와 손잡고 병원을 오가며 돈가스를 먹던 시간, 진료실에서 자신 때문에 힘들어하는 엄마의 눈빛을 보며 안심했다고요. 정신과 의사보다 더 강력한 치유제는 바로 엄마라는 존재였습니다.

남편 이야기를 할 땐 냉랭하던 그녀의 얼굴이, 아이 이야기를 할 때는 눈물로 흔들렸습니다. 그렇게 상담을 마치고, 그녀는 계약서 한 장 쓰지 않은 채 문을 닫고 나갔습니다. '나는 이혼 변호사인데, 지금 뭘 한 거지?' 저도 잠시 멍해졌습니다.

그리고 석 달 뒤, 단정한 원피스를 입은 그녀가 다시 찾아왔습니다. "변호사님, 저 기억하세요? 아이랑 여행 가라고 하셨잖아요!" 그제야 커다란 눈동자가 떠올랐습니다. 그녀는 삼 개월 동안의 이야기를 들려주었습니다. "말씀해 주신 병원에서 상담도 받았고요, 딸이랑 한 달 동안 제주도에 있었어요. 맛집도 찾아다니고, 바닷가에서 멍 때리고……. 아직 학교는 안 가지만 이제 침대에만 누워 있진 않아요. 친구도 만나고, 요즘은 그림을 그리더라고요. 원래 그림 좋아했거든요."

아이의 마음을 되돌리는 데 걸린 시간, 고작 삼 개월. 그 어떤 유능한 의사도 부모만큼은 아이의 마음을 빠르게 움직일 수 없을 겁니다. 불안해하는 아이에게 '네 뒤엔 엄마가 있다!'라는 확신만 전해도, 아이의 불안은 가라앉습니다. 아이의 불안을 잠재울 가장 강력한 치유제는 결국 엄마와 아빠입니다.

아이가 원한 건 연결이었음을

아이들과 소통하는 데 가장 빛을 발한 곳은, 어쩌면 매일 반복되던 차 안이었는지도 모릅니다. 특히 대치동 아이들에게 '길밥'과 '라이딩'은 흔한 일상이지요. 우리 삼 남매도 중학교에 들어서며 대치동으로 향했고, 셔틀차량이 없는 그곳에서는 엄마의 차량 라이딩이 필수였습니다. 하지만 워킹맘이었던 저는 매번 차로 데려다 줄 수 없었고, 아이들은 스스로 버스를 타고 끼니를 해결해야 했습니다. 그래서였을까요. 삼 남매가 엄마에게 가장 바랐던 건 늘 엄마의 라이딩이었습니다.

  아직도 떠오릅니다. 유치원을 마친 아이들을 데리러 허겁지겁 달려가던 기억. 한 달에 한두 번, 선물처럼 찾아온 데리러 가는 날, "엄마~!" 하며 달려오던 아이들의 얼굴. 그 순간만큼은 세상 무엇과도 바꿀 수 없는 보상이었습니다. 아이들은 유치원 선생님께 큰 소리로 자랑했습니다. "오늘은 우리 엄마가 데리러 오세요!" 마치 "나도 엄마, 있어요!"라고 외치듯이요. 그만큼 엄마가 차로 데리러 오겠다는 약속은 삼 남매에게 소중했습니다.

좀처럼 화를 내지 않던 둘째가 가장 크게 화를 냈던 날도, 하필 비 오는 날 약속을 지키지 못했을 때였습니다. 엄마가 오지 않자, 둘째는 씩씩대며 우산도 없이 비를 맞고 걸어왔습니다. 아마 저를 벌주려는 마음이었겠지요. 걸어서 5분 거리인 초등학교조차도, 아이들은 엄마 차를 무척 좋아했습니다. 그 시간은 함께하지 못하는 미안함을 조금 덜 수 있는 작은 위로였으니까요.

그러다 사춘기가 되어 입시의 무게가 커지자, 차 안은 숨소리조차 조심스러운 공간이 되었습니다. 그런데 아이들은 이렇게 말했습니다. "엄마가 제일 잘한 건 인내였던 것 같아." 그 말을 듣는 순간, 제가 얼마나 아이들 눈치를 보며 조심조심 지냈는지 그들도 다 알고 있었구나 싶어 코끝이 찡해졌습니다.

둘째와 셋째의 입시가 겹쳤던 해, 저는 차를 바꿨습니다. 아이들이 지친 몸을 누일 수 있도록, 차 안이 작은 휴게실이 되길 바랐습니다. 그 선택은 신의 한 수였습니다. 아이들은 멀리서 달려오는 엄마 차 지붕만 보여도 반가웠다고 말했습니다. 엄마가 그 날도, 그 자리에 있었다는 사실이 아이들에게 얼마나 든든한 신호였을까요.

그리고 마침내, 마지막 라이딩의 날. 저는 조용히 속삭였습니다.
"드디어 라이딩 졸업이다."
차 안에서 아이들을 기다리고, 집으로 데려오는 시간들은 결국 엄마가 아이에게 보내는 작은 위로였습니다. "고생했어. 고마워!" 말로 다 하지 못한 마음을 담은, 저만의 방식이었습니다.

어떤 전문가는 말합니다. "공부는 당연한 거예요. 고생했다고 말하면 아이는 그걸 고생으로 받아들입니다." 맞는 말일지도 모릅니다. 하지만 저는 생각이 달랐습니다. 아이도 알고 있습니다. 공부가 자기 인생을 위한 길이라는 걸요. 그러나 매일 그 길을 걸어가는 건 분명 고생스러운 일입니다. 그래서 저는 그 고생을 견뎌낸 아이들에게 늘 고마웠습니다.

첫째가 초등학교 고학년쯤 되었을 때, 이런 메시지를 보내오곤 했습니다. "엄마, 저 학원 왔어요." "엄마, 저 학습지 했어요." 처음엔 저는 대수롭지 않게 "그런 거 안 알려줘도 돼. 엄마는 네가 잘하고 있는 거 알아."라고 답했습니다. 그런데 아이는 멈추지 않았습니다.

그제야 깨달았습니다. 아이가 원한 건 통보가 아니라 연결이었음을. 엄마의 몸에서 떨어져 나온 순간 끊어진 탯줄, 그러나 아이는 여전히 '함께 있음'을 확인받고 싶었던 겁니다. 그래서 저는 차 안에서, 하루의 시작과 끝에서, 아이들과 눈에 보이지 않는 탯줄을 다시 이어온 게 아닐까? 문득 그런 생각이 듭니다.

<u>어항 물을 맑게 하는 한마디, "밥은 먹었니?"</u>

하루 종일 정신없이 지내다 저녁 무렵이 되면 어김없이 삼 남매가 떠오릅니다. 깊은 미안함과 함께요.

"막내야, 밥은?" "둘째야, 뭐 먹고 학원 가?" "첫째야, 밥 먹었지?"

그때부터 아이들과의 대화가 시작됩니다. 우리 대화의 시작은 늘 끼니 걱정입니다. "밥은?"이라는 질문은 잔소리가 될 수 없는 만능어입니다. 그 한마디 속엔 곁에 있지 못해 미안한 마음, 네 상태가 궁금한 마음, 그리고 엄마만이 보낼 수 있는 관심의 신호가 담겨 있으니까요.

　물론 "네, 먹었어요" 하고 뚝 끊기는 전화에 마음이 쓰라린 순간도 많았습니다. 질문마다 "모르겠어요"라는 답이 돌아와 답답했던 때도 수두룩합니다. 그럴 땐 기다려야 합니다. 부모의 말은 잔소리가 되기 쉽습니다. 중요한 건 '무엇을' 말하느냐보다, '어떻게' 말하느냐입니다.

지방에 계신 엄마께 매일 드리는 전화 통화도 비슷한 모습입니다. 여든이 다 된 엄마는 여전히 오십 넘은 딸의 끼니부터 걱정하시지요.
　"밥은 먹었니?"
　그러면 저는 누구와 무엇을 먹었는지 꽤 자세히 이야기합니다. 우리 모녀에게도 밥이 없었다면 대화가 되었을까 싶습니다.

저는 질문이 아이 마음에 닿도록 소통 원칙을 몇 가지 세웠습니다. 아이에게 질문할 때는 구체적으로 묻습니다. "힘들었어?" 같은 막연한 질문보다 "어제 잠을 설쳤다던데, 학교에서 졸진 않았어?"처럼요. 또한 결과보다 감정에 초점을 맞춥니다. "시험 잘 봤어?"가 아니라 "어려운 문제를 풀었을 때 기분이 어땠어?"라고 묻습니다.

아이가 대답하기 어려워하면 선택지를 줄 수도 있습니다. 하지만 말하기 싫어하는 아이는 굳이 붙잡지 않습니다. 특히 사춘기 아이에겐 낄 때 끼고 빠질 때 빠지는 눈치가 중요합니다. 말을 독점하지 말고, 아이가 생각할 여백을 주고, 직접적이고 쉬운 언어로 명확하게 말합니다. 때로는 조용히 들어주는 것이 최고의 반응입니다. 할까 말까 망설여지는 말은 하지 않는 편이 낫습니다.

세상이 아무리 흔들려도 괜찮습니다.
아이에게는 돌아갈 수 있는 단단한 어항이 있으니까요.

―――――― 11장 ――――――
내 아이 마음 속의 용을 마주하는 법

그림책 한 권이 던진 질문

때로는 짧은 조언이 길고 복잡한 말보다 더 강한 울림을 줍니다. 알록달록한 꽃 잔치보다 깨끗이 파란 하늘이 더 아름답게 다가올 때가 있듯이요. 아마도 생각의 여백이 주는 힘일 겁니다. 책도 그렇습니다. 지식을 가득 담아 자랑하는 책보다는, 여백과 지혜를 남겨 곱씹게 만드는 책이 오래 기억됩니다. 특히 저는 그림책을 좋아합니다. 글보다 그림이 더 와닿을 때가 있고, 짧은 문장 속에서 더 큰 위로를 받을 때가 많으니까요.

첫째가 초등학교에 막 들어가고 둘째와 셋째가 유치원생이던 시절, 세 아이가 한창 예쁘면서도 손이 많이 가던 때였습니다. 하루 일을 마치고 녹초가 되어 집에 돌아오면, 어수선한 거실을 보고 한숨이 절로 나왔습니다. 당장 "책 치워!" 하고 소리치고 싶었지만, 그날은 철퍼덕 앉아 책을 정리하다가 한 권의 그림책이 제 눈에 들어왔습니다. 미국의 그림책 작가 잭 켄트의 『용 같은 건 없어』였습니다. 이 책은 단순한 이야기 안에 상징적인 메시지가 가득했습니다.

어느 날 아침, 소년 빌리 빅스비가 잠에서 깨어나 보니 방 안에 작은 용이 있었습니다. 고양이만 한 크기에 특별히 위협적이지도 않았지요. 빌리가 엄마에게 말했습니다.

"방에 용이 있어요." 엄마는 단호히 말했습니다. "용 같은 건 없어." 그 순간부터 이야기가 시작됩니다. 그리고 용은 점점 자랍니다. 처음엔 식탁 위를 어슬렁거리며 팬케이크를 먹더니, 계단을 차지하고, 빌리의 침실을 점령하더니 급기야 집을 통째로 들어 올려 사라져 버립니다. 아빠가 퇴근해 돌아왔을 땐 집이 있던 자리가 공터로 변해 있었습니다.

아빠는 사라진 집을 찾아 용을 뒤쫓았고, 마침내 도로에 널브러진 거대한 용을 발견합니다. 아내와 아들을 구해낸 뒤에도 엄마는 여전히 용의 존재를 부정했지만, 빌리는 말합니다. "그건 용이 한 일이에요."

그 순간, 용은 다시 조그마한 크기로 돌아갑니다.

저는 이 단순한 그림책에서 어떤 부모교육서보다 강력한 메시지를 받았습니다. 엄마는 끝까지 용을 부정했지만, 빌리의 용은 계속 자라났습니다. 그렇다면 용이 상징하는 건 무엇일까요? 저는 그것을 아이가 품은 사소한 고민으로 보았습니다. 아이의 작은 고민을 "그건 아무것도 아니야." "그런 건 없어." 하고 잘라버리면, 그 순간부터 아이의 마음속 용은 눈덩이처럼 커집니다.

문제는 존재를 부정한다고 사라지지 않습니다. 인정하지 않는 순간부터 오히려 커지고, 결국은 집을 통째로 들어 올릴 만큼 커다란 괴물이 되어버립니다. 감정이든, 갈등이든, 질병이든, 관계든 말이지요.

내 안의 용을 마주하다

막내가 초등학교 5학년일 때, 저도 막내의 '용'을 키운 적이 있습니다. 어느 날부터 막내가 머리가 아프다고 했습니다. 두통은 흔한 증상이니 '약 먹으면 되겠지!' 하며 대수롭지 않게 넘겼습니다. 그런데 며칠이 아니라 몇 주째 같은 말을 반복했습니다. 그제야 머릿속 기억회로가 돌아가기 시작했습니다. 언제부턴가 늦잠이 늘고, 표정이 어두워지고, 무기력해 보였던 순간들이 떠올랐습니다. 학원을 그만둬 시간적 여유가 있던 시기였는데, 두통이 이어지는 건 분명 다른 이유가 있다는 생각이 들었습니다.

막내가 저학년일 때만 해도 제 삶의 우선순위는 늘 아이들이었습니다. 부리나케 퇴근해 아이들과 이야기를 나누고, 꼭 막내 옆에서 잠들곤 했습니다. 주말이면 함께 운동을 다니고, 뒤엉켜 책을 읽기도 했습니다.

그러다 시간이 지나 키가 엄마만큼 커지고 목소리도 굵어지니, 저는 서서히 손길을 거두었습니다. 이제는 엄마 손길이 방해되거나 잔소리로 들릴 수 있겠다 싶었던 겁니다. 그러면서 저는 본격적인 워커홀릭이 되었습니다. 회사를 확장하며 책임이 더 무거워졌고, 사건 하나하나를 악착같이 붙들고 놓지 않았습니다.

그런 시기에 막내가 두통을 호소하니, 혹시 엄마의 관심을 끌기 위한 정서적 결핍이 신체 증상으로 나타난 건 아닐까 싶었습니다. 그래서 이번에 막내를 낫게 하면서 겸사겸사 막내의 마음을 채워 주는 기회로도 삼자 싶어, 평소보다 더 적극적으로 신경쓰는 티를 냈습니다. 병원도 알아보고 각종 검사도 받자고 제안하면서요.

하지만 그렇게 시작된 작은 용은, 제가 아이와 함께 병원에 다니고 막내의 행동 하나하나에 예민하게 반응하는 사이 점점 더 커져만 갔습니다. 어느새 우리 사이에 커다란 용이 자리 잡고 있었습니다.

기면증이라는 용

결국 병원에서 기면증 진단이 내려졌습니다. 제 안에 숨어 있던 용 하나가, 그제야 또렷한 형체로 모습을 드러낸 순간이었습니다. 그 결과를 받아들이는 일은 마치 하나님이 제 등을 후려쳐 무릎을 꿇리며 '네가 얼마나 작은 존재인지, 힘없는 존재인지 알라!' 하고 호통치는 듯했지요.

평소의 저라면 원인만 알면 씩씩하게 해결하면 된다고 생각했을 겁니다. 늘 그랬듯요. 그런데 자식 문제는 마음처럼 되지 않더군요. 걱정과 불안이 눈덩이처럼 커져, 어느새 아이보다 제가 더 힘들어진 걸 느꼈습니다. '정말 기면증 때문일까? 내 잘못인가?' 자신을 의심하며 여기저기 헤맸고, 도움을 청했습니다.

그때 오은영 박사님께도 손을 내밀었습니다. 아이는 상담 자리에서 엄마에 대한 서운함까지 솔직하게 털어놓았습니다. 바쁜 엄마 곁에서 본인이 늘 뒷순위라고 느꼈던 마음이었겠지요. 박사님은 먼저 엄마로서의 자신을 막내에게 이야기했습니다.

"나도 요리 잘 못해. 난 너희 엄마보다 더 바쁘고. 그래도 세상에서 우리 아들을 제일 사랑한단다. 너희 엄마도 마찬가지야. 엄마가 너를 얼마나 사랑하는데."

그날 이후 막내의 엄마를 향한 시선이 조금 달라졌습니다. 막내가 제게 지어 보이던 그 미소를 저는 아직도 잊지 못합니다. 제게도 큰 힘이 되었고요. 시간이 지나 정신을 가다듬은 뒤 모든 것을 복기했습니다.

'머리 아프단 아이의 말을 무시했다면?' '그 호소를 응석으로, 게으름으로 단정했다면?' 만약 그랬다면 '자라나는 용'을 끝내 외면한 채, 아찔한 벼랑 끝에서 중요한 타이밍을 놓치고 함께 나락으로 떨어졌을지도 모릅니다. 저와 아이를 붙잡아 주신 하나님께 감사의 기도를 드리며 가슴을 쓸어내린 적이 한두 번이 아닙니다.

진단은 기면증이었지만, 제 마음엔 여전히 정서적 결핍의 신호는 아니었을까 하는 질문이 남았습니다. 그래서 그때부터 저는 아이의 건강과 표정을 더 세심히 살피는 관찰자가 되었습니다.

『용 같은 건 없어』는 결국 제대로 보지 않으면 커지는 것들에 관한 기록입니다. 문제는 인식되고, 이름 붙여질 때 비로소 해결의 실마리가 생깁니다. 감정도, 갈등도, 질병도 마찬가지입니다. 커지는 용을 어른의 시각으로 무시하거나 판단하지 말고, 먼저 있음을 인정하고 함께 바라보는 것, 그게 용을 다시 작게 만드는 첫 걸음이었습니다.

아이를 바라본다는 의미

저는 완벽한 부모가 아닙니다. 아이의 신호를 늦게 알아차리기도 하고, 때로는 오해하기도 하지요. 하지만 중요한 건 부정하지 않는 태도였습니다. "그럴 리 없어."라고 잘라내는 대신, "그럴 수도 있어." 하고 바라보는 것. 바로 그 작은 차이가 아이 마음속 용을 작게 만드는 결정적 순간이 됩니다.

아이들은 크고 작은 용을 품고 살아갑니다. 그 용이 팬케이크를 먹는 귀여운 존재일 때, 부모는 그 존재를 인정해 주어야 합니다. 그렇지 않으면 용은 커지고, 방을 차지하고, 집을 통째로 흔들며 삶 전체를 집어삼킬 수도 있습니다. 부모가 아무런 준비도 없이 외면한다면, 언젠가 정말 피하고 싶었던 일이 터져버릴 수 있습니다.

어차피 우리는 아이의 모든 문제를 해결할 수 없습니다. 부모가 할 수 있는 일은 아주 제한적입니다. 하지만 그 안에서 가장 중요한 것은 문제의 실체를 부정하지 않고 바라보는 일입니다. 그리고 아이가 "나 힘들어요!"라고 말할 수 있는 안전한 공간을 마련해 주는 것, 그것만큼은 부모만이 할 수 있는 몫입니다.

막내가 고3 내신시험을 치르고 집으로 돌아오던 날, 가장 먼저 제게 전화를 해준 것을 저는 두고두고 기억합니다. 아이가 가장 힘든 순간에 엄마를 찾았고, 자신의 용을 제일 먼저 알려준 것은 저에게는 자랑스러운 훈장 같은 기억이 되었습니다. 부모가 "네가 그렇게 느끼는구나. 그럴 수도 있겠네." 하고 정서적 인정을 표현하며 함께 문제를 바라봐 줄 때, 아이 마음속 용은 다시 작아지고 점점 사라집니다.

부모의 진짜 용기는 아이의 용과 대신 싸워주는 것이 아니라,
그 곁에서 함께 마주 봐주는 것입니다.

PART 4

공부도 기초체력이 중요해

꾸준함은 자기효능감을 높이고, 원하는 것을 이룰 수 있다는 믿음을 심어줍니다.
어린 시절부터 꾸준히 채워 온 숙제장은
결국 삶을 대하는 자세를 아이에게 만들어 줍니다.

──────── 12장 ────────

나무가 아닌 숲을 보는 숲 공부법

아이의 공부근력을 빼앗는 엄마

워킹맘 후배에게서 연락이 왔습니다. 집과 회사 사이를 다람쥐 쳇바퀴 돌듯 돌았다며 토로하는데, 15년의 세월과 피로가 제게도 전해졌지요. "이제 아들 좀 챙기려고요. 그동안 신경 못 써서 미안했거든요." 공부가 특히 걱정이라며, 중2 첫 중간고사를 봤는데 점수가 형편없었다고 했습니다. 저는 "첫 시험이니 괜찮다!" 하고 몇 번이나 강조했지만, 후배의 불안은 쉽사리 가라앉지 않았습니다.

후배는 특단의 조치를 꺼내 들었습니다. 이름하여 '엄마와 함께 시험을!'. 아들의 시험공부를 엄마가 함께하기 시작한 겁니다. 시험공부 계획표도 직접 짜주고, 문제집 채점은 물론 요점 정리까지 엄마가 대신해서 아들이 빨리 외울 수 있도록 도왔지요. 처음엔 효과가 꽤 괜찮았습니다. 기말고사 성적이 올랐고, 엄마도 아들도 신이 났습니다. 이후 중간·기말고사 때마다 후배는 아들보다 더 열심히 시험공부를 했습니다. 아이는 엄마가 만들어준 요점 정리를 달달 외워 시험을 봤고, 곧 대치동 학원까지 다니기 시작했습니다. 저는 몇 차례 걱정 어린 조언을 건넸습니다.

"○○이가 참 착하네. 엄마 말도 잘 듣고. 그런데 요점 정리는 해주지 마. 요점 정리는 공부 방법의 핵심이야. 그걸 엄마가 해주면 아이는 숲을 볼 수 없어. 흐름을 파악하고 스스로 요약·정리하면서 공부해야 해."

후배도 머리로는 알지만, 시험 기간이 닥치면 시간이 없어서 나설 수밖에 없다더군요. "나도 힘들어. 애랑 자꾸 싸우고……." 싸울 만도 하지요. 책상에 앉히는 것부터가 미션이고, 앉혀 놓으면 집중이 흐트러지고, 문제를 틀리면 속이 타고, 조금만 더, 조금만 더 하다 보면 결국 큰소리가 터지니까요.

아이가 직접 바벨을 들어올려야 아이의 근육이 생깁니다. 한두 번으로 되는 일도 아니죠. 매일 자신의 루틴으로 무게를 들고, 다른 근력 운동과 병행할 때 탄탄한 근육이 만들어집니다. 그런데 아이가 힘들다고 해서 엄마가 대신 바벨을 들어 준다면? 아이에게 근육은 생기지 않습니다.

공부도 같습니다. 엄마가 계획표를 짜주고, 스케줄을 구성해 주고, 심지어 요점 정리까지 해주는 것, 그건 아이의 공부가 아닙니다. 그렇게 하면 아이는 커다란 숲을 보지 못합니다. 공부의 맥락은 자신의 손으로 정리할 때 비로소 잡힙니다. 엄마가 만들어준 요점 정리로 외워서 시험장에 들어가면 이해도 약하고, 암기도 불안정합니다. 결국 아무것도 남지 않습니다.

숲 밖으로 나와야 보이는 것들

두 번의 시험 기간을 보낸 후, 후배와 아들의 '엄마와 함께 시험을!'은 결국 막을 내렸습니다. 반 학기 정도의 시간이었지만, 오히려 아이의 사춘기 심리만 더 요동치게 했지요. "내가 알아서 할 거야!" 하며 엄마에게 대들더니, 책상에는 아예 앉지도 않았습니다. 이때부터 후배는 시험공부에서 손을 뗐습니다. '아이가 돌이킬 수 없게 엇나가면 어떡하지?' 겁이 났다고 고백했습니다.

대신 후배는 요리를 배우기 시작했습니다. 아들이 맛있는 음식을 먹을 때만 대화가 이어지니, 그게 유일한 연결 통로였던 겁니다.

그러던 중 후배는 깨달았습니다. 숲 밖으로 나오니 아이의 문제가 보이기 시작했던 겁니다. 단지 공부만 보인 건 아니었습니다. '우리 아들이 공부는 싫어해도 운도은 참 잘하잖아.' 하며 아이의 장점이 이제야 또렷하게 보였다는 겁니다.

숲을 보려면 숲 밖으로 나와야 하고, 큰 숲일수록 멀리서 봐야 그 윤곽이 제대로 보입니다. 부모도 그렇지 않을까요? 아이의 전체적인 성장 방향을 보면서도, 아이가 스스로 걸어갈 수 있는 공간을 만들어주는 것. 숲의 윤곽을 보려면 멀리서 봐야 하듯, 아이의 성향과 잠재력을 파악하려면 적절한 거리도 필요합니다. 공부도 마찬가지예요.

피아제의 인지발달 이론에 따르면 아이들은 스스로 탐색하고 경험하며 인지구조를 형성합니다. 그런데 부모가 너무 가까이서 모든 걸 통제한다면 어떻게 될까요? 아이의 자발적 학습 기회를 빼앗아 버리는 겁니다. 그래서 부모는 한발 떨어져 지켜보면서, 아이가 스스로 문제를 해결할 시간을 주어야 합니다.

전교 1등의 진짜 공부 비밀

구체적인 학습법에서도 숲을 보는 태도는 꼭 필요합니다. 수시로 서울대에 합격한 첫째의 고등학교 생활은 내신시험과의 전쟁이었죠. 중간, 기말 지필평가뿐 아니라 수행평가까지, 하나라도 놓치면 안 되는 상황이었습니다. 특히 고등학교는 상대평가라 다 같이 열심히 공부해도 모두가 높은 등급을 받을 수는 없습니다. 그러니 시험문제의 변별력이 중요했어요. 교과서의 세부 내용을 지엽적으로 내거나, 난도가 높은 문제를 끼워 넣어 성적을 갈랐습니다. 그러다 보니 원문을 통째로 외우는 강력한 암기력은 필수였죠.

시험 기간, 첫째 방에 불이 켜져 있었습니다. "공부할 거 많아? 이제 자야지~" 하고 들어갔는데, 책상 위에 쌓인 프린트 더미가 눈에 확 들어왔습니다. 순간 이런 생각이 들더군요. '이걸 다 어떻게 외우지? 나라도 걱정되겠다.' 그래서 아이에게 물었습니다. "이 많은 걸 다 외울 수 있어?" 그랬더니 첫째가 이렇게 말했죠.

"하나만 붙잡고 매몰되지 않고, 전체가 어떻게 연결돼 있는지 파악하려고 해요. 그렇게 보면 이해도 되고, 암기도 잘 돼요."

맞습니다. 맥락을 파악하며 공부하면 암기 부담은 줄고, 응용력은 커집니다. 저는 이것을 '숲 공부법'이라고 부르고 싶습니다. 공부 역시 숲을 먼저 보는 노력이 필요합니다. 숲을 보고 흐름을 따라가면, 시험 때도 지식이 낱낱의 점이 아니라 연결된 덩어리로 떠올라 훨씬 수월해집니다.

제 고시 공부도 마찬가지였어요. 법에도 뼈대가 있습니다. 그 법이 어떤 내용을 담고 있고 지금 내가 어디를 보고 있는지, 머릿속에 내비게이션이 켜지듯 구조가 잡혀야 했습니다. 특히 사법시험 2차는 논술이라 모르는 문제가 나오면 답을 못 쓰죠. 하지만 뼈대를 따라가다 보면 뭐라도 쓸 수 있었고, 덕분에 과락은 면할 수 있었습니다.

특히 수학은 숲을 보려는 노력이 더 중요합니다. 일타 수학강사 정승제 선생님은 공부를 시작할 때 '목차부터 보라'고 합니다. 목차로 흐름을 익히는 게 공부의 출발이라는 거죠. 왜일까요? 단원 간의 유기성 때문입니다.

예컨대 수학Ⅱ(지금의 미적분Ⅰ)를 공부할 때는 중학교에서 배운 1차 함수부터 고등학교 4차 함수까지 모든 다항함수가 미분·적분과 연결됩니다. 삼각비는 삼각함수로, 경우의 수는 확률과 통계로, 원의 성질은 원의 방정식과 삼각함수 활용으로 이어진다는 걸 알게 됐습니다. 이 연결고리를 찾아내고 잇고, 문제를 풀 때 동원해야 수학의 진짜 재미를 느낄 수 있습니다.

첫째도 그랬습니다. 숲을 보는 공부를 하니 모르는 문제에도 겁내지 않고 다가갔습니다. 단편적인 암기만으로는 불가능한 일이었죠. 숲을 보고 흐름을 따라가면 시험장에서 개별 지식을 억지로 끌어내지 않아도, 자연스럽게 연결된 덩어리로 기억이 떠오르거든요.

돌아보면 자녀를 키우는 일도 같습니다. 아이의 행동을 개별 사건으로만 보지 않고, 성장 과정의 흐름으로 본다면 오늘의 실수가 내일의 성장 밑거름이 됩니다. 공부도 마찬가지예요. 국어의 논리적 사고가 수학문제 해결에 힘이 되는 것처럼, 모든 과목은 연결되어 커다란 숲을 이룹니다. 그러니 부모도 아이도 숲을 보려는 노력을 함께해야 합니다.

지식은 점이 아니라 선으로,
선이 아니라 면으로 연결될 때 진짜 힘을 발휘합니다.

13장
안다는 착각에서 벗어나는
삼남매 공부법

뉴진스 흉내내다 깨달은 공부의 함정

어릴 적 친구들과 제주도에 놀러 간 적이 있습니다. 친구 중 한 명이 무용을 전공했는데, 당시 한창 유행이던 뉴진스 춤을 가르쳐 주겠답니다. '뭐, 이 정도는~' 싶은 게 따라 할 만해 보였죠. 50대 아줌마 넷이 바닷가를 배경으로 나란히 서서 카메라를 켰습니다. 그리고 우린 뉴진스 춤을 췄지요.

동영상을 본 사람 백이면 백 다 배꼽을 잡았습니다. 팔다리는 따로 놀고, 몸짓 하나하나 우스꽝스럽기 짝이 없었습니다. 친구의 춤 동작을 보고 '쉬워 보이네, 할 수 있겠다.' 생각했던 저의 심리. 바로 유창성 착각Illusion of fluency이었습니다.

　대부분의 일들이 언뜻 보면 쉬워 보입니다. 그래서 뭐든지 조금만 연습하면 금세 할 수 있을 것 같지요. 그런데 그게 착각입니다. 심리학에서는 이를 유창성 착각이라 부릅니다. 눈으로 보고 귀로 들어서 익숙해진 것을 완전히 안다고 착각하는 현상이죠. 겉보기에는 능숙해 보이지만, 실제로는 아직 내 것이 되지 않은 상태입니다. 설명을 듣고 '아, 알겠다!' 싶은 그 느낌, 믿고 싶지만, 막상 손으로 해보면 멈칫하는 이유가 바로 여기에 있습니다.

공부도 똑같습니다. 눈으로는 줄줄 읽히고, 귀로는 술술 들리는데, 문제를 풀려니 막히는 순간이 있잖아요. '봤다 = 안다'가 아니고, '들었다 = 쓸 수 있다'도 아니거든요. 유창성 착각을 넘어서려면요? 봤다는 것에서 멈추지 말고, 생각하고 말하고 써보고, 결국 손으로 증명해야 합니다. 알 것 같은 기분이 들 때가 아니라 내 머릿속 구조로 연결될 때 비로소 진짜가 되니까요.

아는 문제인데 틀렸다, 진실일까

많은 아이가 시험을 마치고 가장 많이 하는 말이 있습니다. "문제를 제대로 읽지 않아 아는 문제인데 틀렸어요." 아는 문제인데 실수로 틀렸다는 거죠. 그런데 정말 아는 문제였을까요? 자신이 유창성 착각에 빠졌다는 사실을 인지하지 못하면 시간만 흘러갑니다. 그래서 '아는 것과 모르는 것'을 명확하게 구분해야 합니다.

아이들의 말에 한번 주목해 봅시다. "아는 문제인데 틀렸어!" "온라인 강의에서 다 들었던 건데." 이런 말들, 혹시 유창성 착각에서 온 건 아닐까요? 유창성 착각은 선행 학습을 한 아이들에게서 특히 자주 보이는 현상입니다. 수학 시간, 선생님이 개념을 쉽게 설명해 줍니다. 학생은 이미 학원에서 한 번 배웠죠. 선행 학습으로 문제도 풀어봤고, 수업까지 들었으니, 본인이 학습 내용에 대해 유창해졌다고 오해합니다. 그런데 막상 응용문제를 풀려니 손이 멈춥니다. 왜일까요? 보고 듣는 데서 끝났지, 스스로 사고를 굴려 깊이 이해한 게 아니기 때문이죠.

가짜를 진짜로, 삼 남매 공부법

우리 집 삼 남매라고 유창성 착각의 함정에 빠지지 않았을 리 없습니다. 세 아이 모두 유창성 착각에 빠지지 않기 위한 나름의 공부법이 있었죠. 삼 남매가 유창성 착각에서 벗어나기 위해 썼던 방법들은 모두 다시 한번 스스로 생각하고 풀어보는 것이었습니다. 결국 복습을 통해 장기기억으로 만드는 과정이었던 셈이지요. 맞죠? '봤다 = 안다'가 아니라 '해봤다 = 안다'니까요.

• 첫째의 '백지 테스트'

첫째가 개념을 완벽하게 이해하고 내신 점수를 만점으로 끌어올리기 위해 사용한 방법입니다. 내신에서 좋은 시험 점수를 받으려면 교과서를 읽고, 선생님의 수업을 이해하는 것만으로는 부족하죠. 시험 범위의 모든 내용이 머릿속에 체계적으로 정리되어 있어야 빠르고 정확하게 문제를 풀어낼 수 있으니까요.

그래서 사용한 방법이 바로 '백지 테스트'였어요. 내용을 이해한 뒤 아무것도 없는 백지에 개념을 직접 쓰면서 암기했습니다. 개념을 백지에 제대로 적을 수 있으면 통과, 제대로 적지 못했다면 이해하지 못한 것으로 간주해 다시 공부했지요. 첫째는 이 방법이 영어, 사회탐구, 역사 등 다양한 과목에서 완벽한 내신 점수를 만드는 데 가장 큰 역할을 했다고 합니다.

얼마 전 오대교 선생님도 이 내용을 소개했는데요, 정말 효과적인 방법이었습니다. 특히 영어의 경우 첫째는 중학교 때부터 내신 시험범위 문장을 모두 외웠습니다. 전체 문장을 다 쓰기엔 양이 많아서, 제가 원문을 몇 부 복사해 중간중간 화이트로 지워주면 그 부분을 메꾸며 암기했는지 테스트했죠. 시험기간에 팔 빠지게 화이트로 지웠던 기억, 저 아직도 납니다.

• 둘째의 '인터넷 강의 두배 공부법'

둘째가 본격적으로 공부를 열심히 한 시기는 고등학교입니다. 당시에는 코로나19로 학교나 학원을 갈 수 없어 인터넷 강의를 많이 들을 수밖에 없었죠. 그런데 인터넷 강의이야말로 유창성 착각의 무덤일 수 있습니다. 인터넷 강의을 듣는 시간을 열심히 공부한 시간이라고 착각하기 쉬운데, 그저 시간만 흘러가는 공부 무덤이 될 수도 있거든요.

강의를 듣고 그 지식이 내 것이 되었다는 착각에 빠졌던 둘째는 고등학교 내신에서 급격한 성적 하락을 겪고, 인터넷 강의 학습법을 아예 다시 정비했습니다. 해법은 분명했어요. 복습 없이 듣던 인터넷 강의을 다시 시청하면서 강의 내용 전체를 정리하는 시간을 필수로 배치했습니다. 정리할 때는 강사가 했던 방식 그대로 스스로에게 설명해 보고, 매끄럽게 설명할 수 없는 부분은 다시 시청했습니다. 실제 공부 시간은 인터넷 강의 시청 시간의 두 배 가까이 들었지만, 이 복습 과정에서 이해도가 확 올라갔습니다.

인터넷 강의의 장점은 모르는 부분을 반복해서 들을 수 있다는 것. 그래서 반드시 스스로의 이해도를 점검해 봐야 합니다. "봤다니까요!"가 아니라 "말로 풀어 말할 수 있느냐?"가 관건이더라고요.

• 셋째의 '상상 공부법'

수학을 좋아하는 셋째는 수학적 개념을 완벽히 이해하고 활용하기 위해, 수학적 이미지를 머릿속에 그려내는 연습을 했습니다. 그래프나 입체도형 등을 직접 손으로 그리지 않아도, 머릿속에서 그려보고 움직임을 상상하면 개념 이해가 쉬워지고 풀이가 간단해져요. 물론 자연스럽게 그려낼 수 있을 때까지는 손으로 충분히 그려보는 연습을 병행했습니다. 또 수학적 개념을 그래픽으로 시각화해서 설명하는 국내외 유튜브 영상도 많이 시청했죠.

실제 고등 교과로 갈수록 수학 심화 문제는 그래프 활용 역량이 아주 중요합니다. 식을 써 내려가는 것만으로는 안 풀리는 문제가 대다수니까요. 그래서 수학적 상상력과 연상력이 큰 힘이 됩니다. "보였다=풀린다"라는 말, 과장이 아니더라고요.

결국 삼 남매의 공통점은 단순합니다. 봤다는 것에서 멈추지 않고, 손으로 다시 만들고, 말로 다시 설명하고, 머릿속으로 다시 그려본다. 그 과정을 통해 '유창성 착각'을 '진짜 실력'으로 바꾸는 복습 루프를 만들었고요. 공부는 내 머릿속 구조로 연결될 때 비로소 진짜가 됩니다.

공부란, 안다고 말하기 전에 스스로에게 묻는 것입니다.
정말 알고 있느냐고.

―――― 14장 ――――

학습 효율을 높이는 최고의 습관

무서운 엄마가 강조한 단 한 가지

또각, 또각, 또각, 구둣발 소리가 들리고 띠, 띠, 띠, 도어락 비밀번호가 눌리는 사이. 그 짧은 순간 삼 남매는 빛의 속도로 움직였습니다. 아이들의 신속한 반응은 제가 현관문을 열었을 때 공기 중에 남은 흔적처럼 느껴질 정도였죠.

아이들이 초등학교 저학년일 때까지 저는 호랑이 엄마였습니다. 당시 예일대 로스쿨의 에이미 추아 교수가 딸들을 일방적 지시와 통제로 키워냈다는 사실이 화제가 되면서, 우리 사회에도 '타이거맘' 바람이 불었죠. 제가 유행을 따라 한 건 아니었지만, 솔직히 말해 저 역시 타이거맘이 될 수밖에 없는 현실이었습니다.

공무원이었던 남편은 지방 근무로 떨어져 있거나 늘 퇴근이 늦었습니다. 워킹맘이 퇴근해 집에 도착하는 시간은 늘 늦은 저녁. 무서운 엄마가 되지 않으면 아이들도, 저도 힘들어질 게 뻔했어요. 집에 온 엄마는 잔소리만 할 테고, 잔소리와 짜증 소리를 들어야 하는 아이들은 엄마의 퇴근 자체를 막고 싶어질 수도 있었겠지요. 퇴근하자마자 육아 출근이라지만, 저는 무서운 엄마가 되어서라도 우리의 저녁 시간을 지키고 싶었습니다.

그 무서운 엄마가 아이들에게 강조한 숙제는 단 한 가지였습니다. '엄마 퇴근 전까지 자기 할 일은 알아서 하기.' 단순했지요. 알림장 먼저 확인하고, 준비물을 챙기고, 숙제를 하면 됩니다. 다 마친 아이는 하고 싶은 걸 하면 되고요.

물론 삼 남매도 종종 알림장과 숙제를 잊고 놀 때가 있었습니다. 그런 날, 현관 밖 인기척만 들려도 빛의 속도로 움직였던 겁니다. 호랑이 엄마는 뜨끈뜨끈한 TV를 만져보며 아이들의 행동을 눈앞에 그리듯 짐작할 수 있었지요. 그래도 화를 내진 않았습니다. 왜냐고요? 제가 무서운 엄마였지만, 아이들을 믿고 싶었고, 그 믿음이 결국 우리 저녁 시간을 지켜줄 거라고 생각했으니까요.

숙제만 해도 충분하다니까

무서운 엄마를 자처하며 세운 이 철칙은 아이들의 공부 습관에 분명한 영향을 줬습니다. 학교 준비물을 스스로 챙기고, 학년이 올라갈수록 늘어나는 숙제도 스스로 해냈죠. 무서운 엄마가 없어도 말입니다. 아이들의 공부 습관을 만들어 간 유일한 방법, 매일 스스로 하는 숙제였습니다.

수시로 서울대를 간다는 건, 고등학교 3년을 매일 성실하게 보냈다는 증표이기도 하죠. 중간·기말뿐 아니라 수행평가, 생활기록부에 쓰일 세특(세부사항 및 특기활동) 관리, 동아리 활동까지 차근차근. 벼락치기나 꼼수? 통하지 않죠.

준비 과정이 "너무 벅차다, 할 일이 많아 힘들다!"며 미리 부담을 크게 가지면 끝까지 완주하기 어렵습니다. 수행평가 하나 망쳤다고, 중간고사 성적 한번 떨어졌을 뿐인데 수시는 글렀다고 지레 겁을 먹어도, 끝까지 완주할 수 있는 동력을 잃게 되기 십상이지요.

첫째는 '숙제까지 하면 된다.'는 계획을 세웠습니다. 여기에는 여러 함의가 숨어 있습니다. 숙제를 꾸준히 해낸다는 건 학교나 학원 교과과정을 제대로 따라가고 있다는 뜻입니다. 방법이나 진도가 맞지 않으면 숙제 완성 자체가 어렵거든요. 또한 성실히 숙제한다는 건 습관의 지속성을 의미합니다. 경쟁으로 달리기보다, 내가 마땅히 끝내야 할 일상의 루틴으로 받아들여야 지치지 않습니다.

숙제 습관은 단순한 성실함을 넘어서 학습 내용을 장기기억으로 옮기는 데도 매우 효과적입니다. 학교에서 배운 걸 집에서 다시 정리하고 적용해 보는 과정이니까요. 이때 자연스럽게 인지적 반복과 능동적 회상이 이루어집니다. 바로 그게 학습 효율을 끌어올리는 기본이자 핵심 전략이죠.

승리의 V자 성적을 만들어 볼까

첫째도 고2 때, 고1 때보다 내신성적이 좀 떨어졌습니다. 학교 동아리 활동으로 합창단 '노래선교단'에 들어갔는데 공연 일정이 많았고, 아무래도 체력이 부족해 내신에 집중할 시간이 모자랐다고 저는 생각했죠. 그래서 합창단 활동이 끝나면 다시 회복할 수 있을 거라 보고 큰 걱정은 하지 않았습니다. 그런데 첫째는 걱정이 되었는지, 별안간 음악으로 대학을 가겠다며 성악 레슨을 하겠다는 겁니다. 어린 시절부터 노래하길 좋아했고 소프라노 파트를 맡아 제법 잘하긴 했지만 이리 급선회하는 게 맞을까? 마음이 흔들렸습니다. 저는 첫째에게 말했습니다.

"네가 정말 그렇게 하고 싶으면 한번 테스트도 받아보고, 선생님도 찾아보자. 그런데 엄마 생각도 한번 들어볼래? 네가 다시 열심히 해서 3학년 내신성적이 올라가면, 네 성적 그래프는 V자 모양이 될 거야. 말 그대로 승리의 V자 성적이 되는 거지.

  3년 내내 꾸준하게 고득점이면 물론 좋지. 하지만 너는 동아리 활동과 다른 일들로 잠시 흔들린 거잖아. 생기부를 보면 충분히 이해될 수 있어. 그 활동이 끝난 뒤 성적이 다시 올랐다면, 밋밋한 그래프보다 V자 반등이 더 멋져 보일 거야. 다시 치고 올라가는 힘, 실패를 극복해 낸 힘을 보여줄 수 있으니까. 엄마가 입학사정관이라면 V자형 점수를 보인 너를 뽑을 것 같아."

첫째 역시 늘 내신이 좋았던 건 아니지만 끝까지 수시를 포기하지 않았습니다. 매일 숙제하듯 꾸준히, 마지막까지 해냈죠. 독한 마음이나 악착같은 근성만 필요한 게 아니더라고요. 꾸준함과 흔들리지 않는 멘털, 그게 핵심이었습니다. 첫째의 하루 목표는 언제나 '숙제'였습니다. 학교 숙제는 물론, 국·영·수 학원에서 나온 숙제까지 그날 분량을 꼼꼼히. 숙제가 적은 날엔 일찍 잠자리에 들고, 많은 날엔 늦은 시간까지 방의 불이 꺼지지 않았습니다. 그 일상의 루틴이 결국 V자를 만들었거든요.

  숙제, 왜 해야 해요?

'학원 숙제가 너무 많다' '아이가 숙제하기 힘들어한다.' 하는 엄마들의 하소연을 종종 듣곤 합니다. 초등학생들도 영어·수학 학원을 기본으로 다니니 매일 나눠주는 숙제가 있기 마련입니다. 더군다나 선행 학습을 한다면 아이는 숙제에 더 큰 부담을 안게 됩니다. 혹시 아이가 숙제에 대한 부담과 어려움을 토로한다면, 아이가 숙제한다고 책상에 앉아 계속 꾸물거린다면 부모는 그 이유를 먼저 파악하고 해소해 주어야 합니다.

둘째가 저학년쯤이었을 겁니다. 어느 날 재활용 쓰레기를 모아두는 뒷 베란다에 갔는데, 풀지 않은 수학 학습지가 여러 권 쌓여 있었습니다. 학습지를 흔들며 방에 갔더니, 둘째가 귀신이라도 본 듯 화들짝 놀라더군요. 왜 버렸냐고 묻자, 이유는 단순했습니다. "하기 싫었어요." 평소 재잘재잘 떠들던 둘째가 잔뜩 긴장한 채 소심하게 내뱉은 대답이었지요. 그때 저는 아이에게 이렇게 설명했습니다.

"숙제를 잘하는 건 단순히 선생님 말씀을 잘 듣는 게 아니야. 네 머릿속에서 배운 걸 한 번 더 꺼내 보는 연습을 하는 거지. 이렇게 꺼내 보는 연습을 자주 할수록 기억이 훨씬 오래 남고, 시험 볼 때 훨씬 쉽게 생각이 나. 과학자들도 그렇게 해야 공부가 진짜 잘 된다고 했어."

생각해 보니 그동안 아이들에게 숙제는 '묻지도 따지지도 말고 무조건 해야 하는 것'처럼만 던져졌던 것 같습니다. 왜 해야 하는지도 모르는 채 하기 싫은 숙제를 받아 안으니, 아이로서는 얼마나 괴로웠을까요. 그날 이후 저는 숙제를 검사하기보다 숙제가 왜 중요한지 아이들과 대화하는 데 더 많은 시간을 썼습니다. 숙제를 스스로 해내는 과정이야말로 결국 공부 근력이 된다는 걸 아이가 이해하도록 말이지요.

숙제 싫어하는 아이를 위한 엄마의 기술

미루지 않고 숙제를 한다는 것은 단순히 좋은 대학을 가기 위한 습관만이 아닙니다. 꾸준함은 자기효능감을 높이고, 원하는 것을 이룰 수 있다는 믿음을 심어줍니다. 어린 시절부터 꾸준히 채워 온 숙제장은 결국 삶을 대하는 자세를 아이에게 만들어 줍니다.

무엇을 해야 할지 몰라 망설이는 아이라면? 숙제를 어떤 순서로 해볼지 아이와 함께 생각해 보세요. 이때 시간 계획을 세우면 도움이 됩니다. 예를 들어 '앞으로 1시간 동안 영어 숙제하기'처럼요. 시간에 경계가 생기면 아이에게는 그 안에서 끝내고 싶은 마음이 자연스레 올라옵니다. 시작이 반입니다.

특정 과목 숙제가 싫은 아이라면? 먼저 이유를 파악해야 합니다.

정말 싫은 과목인지, 진도가 맞지 않아 어렵게 느끼는지 대화로 확인해 주세요. 그 과목을 할 때는 평소보다 조금 더 적극적인 도움과 칭찬을 얹고, 숙제와 관련된 자료를 함께 찾아보는 경험을 주세요. 도서관에서 관련 책을 찾아보거나, 온라인에서 주제 자료를 함께 모으는 과정만으로도 관심의 불씨가 살아납니다.

집중력이 약해 끝을 못 보는 아이라면? 한 번에 끝내려 애쓰기보다 두세 번에 나눠 진행해 보세요. 짧고 선명한 집중 구간을 여러 번 만드는 게 훨씬 현실적입니다. "여기까지!" 하고 잠깐 쉬었다가 다시 이어가면 충분히 가능합니다.

그렇다면 숙제는 언제 하는 게 좋을까요? 많은 부모가 하원 후 바로 숙제를 원하지만, 잠깐 쉰 뒤에 더 잘하는 아이도 있습니다. 아이의 기질과 리듬을 보며 우리 집만의 숙제 규칙을 함께 정하세요. 규칙은 단순하게, 실행은 스스로. 이게 오래갑니다.

매일의 숙제는, 아이 인생의 태도를 연습하는 시간입니다.

15장
자신감을 되찾아준 후행 공부법

엄마, 나 수학이 너무 어려워

3시간 넘는 이혼 조정을 마치고 막 조정실 문을 나서는 순간, 첫째에게서 전화가 왔습니다. "엄마! 나 수학 백 점 맞았어!" 세상에, 제 머릿속에서 폭죽이 터졌죠. 검은 옷만 입은 무거운 법원 사람들도 그 순간만큼은 사뿐사뿐 날아다니는 것처럼 보였습니다. 파김치였던 몸이 싱그럽게 되살아났습니다. 백 점이라는 숫자 때문이었을까요? 아니었습니다. 첫째와 제가 함께 터뜨린 환호는 회복된 자신감이 불러온 환희였거든요.

중학생이던 첫째가 뾰로통한 얼굴로 "수학이 어려워요"라고 말하던 날을 기억합니다. 그 말에 제 머리는 잠깐 '띵~' 했죠. 당시 한창 '수포자' 현상의 심각성이 미디어에 보도되던 때였습니다. 중학생 네 명 중 한 명이 수학을 포기한다는 기사도 쏟아졌고요. 제가 겁났던 건 '수포자'라는 말 자체가 아니었습니다. 풀이 죽은, 그 뾰로통한 표정이었어요. 아이의 표정은 이미 도움을 요청하고 있었으니까요.

대형 학원, 유명 선생님, 좋은 교재 등 다 떠올려 봤습니다. 그러다 문득 제 고등학교 시절이 스쳤죠. 『수학의 정석』을 한 번 끝냈을 때의 성취감, 두 번째 봤을 때 모르던 문제가 풀리던 개운함, 세 번째 봤을 때 느낀 바로 그 자신감. 왜 그랬을까요? 반복 속에서 놓쳤던 구멍이 메워지고, 빈틈이 채워지면서 자신감이 생겼던 겁니다.

바로 후행 학습을 결심했습니다. 특히 초등학교 6학년 과정에서 비어 있던 개념들은 표시해 두고 차근차근 채워 나갔죠. 그 과정에서도 주위에선 별별 말이 다 들렸습니다.
 "낮은 학년을 하면 아이가 의기소침한다던데." "지금 남들은 고등수학을 푼다는데, 후행할 시간이 어딨어. 선행 학습부터 하고 나중에 빈틈 메워." 하는 말들이 메아리처럼 울려 퍼졌지만, 저는 귀에 담지 않았습니다. 우리 아이에게 필요한 건 속도가 아니라 기초로 돌아갈 용기, 그리고 빈틈을 인정하고 메우는 시간이었으니까요.

자신감이라는 이름의 정비례 그래프

오히려 첫째는 초등수학을 술술 풀어내며 재미있어했고, 중학 수학까지 진도에 속도가 붙었습니다. 그리고 중2 중간고사에서 백 점을 맞았죠. 그러니 폭죽이 터질 수밖에요. 첫째는 수학을 좋아하지 않는 문과생이지만, 그 한 번의 백 점이 동력이 되어 끝까지 자신감을 놓지 않았습니다.

수학은 난도도 높고 공부량도 만만치 않습니다. 그래서 한 살이라도 어릴 때 선행 학습을 시키는 부모가 많죠. 그런데 선행 학습과 점수는 정비례하지 않습니다. 다른 아이보다 먼저 배웠다고 해서, 어려운 문제를 많이 풀어봤다고 해서, 새로운 문제가 나왔을 때 곧장 풀리는 건 아니에요. 수학계 노벨상이라 불리는 필즈상을 받은 허준이 교수도 아이가 문제를 만들어 오면 아빠가 푸는 방식을 권했습니다. 핵심은 깊이 이해한 내 방식으로 다시 설명하고 써보는 겁니다.

첫째도 초등학생 때는 비슷한 방법으로 수학을 공부했습니다. "도형 공부하네? 엄마는 도형이 제일 어려웠는데, 엄마도 좀 가르쳐 줘." 제가 이렇게 부탁하면, 첫째는 신이 나서 개념을 말로 풀어 설명했죠. 아예 응용문제를 직접 만들어 하나 더 풀어보기도 했고요. 제가 "아, 이제 완전히 이해됐다!" 하고 리액션을 보내면, 필즈상이라도 받은 양 뿌듯해하더군요.

자신감과 목표는 놀라울 만큼 정확히 정비례 그래프를 그립니다. 아이에게 그 자신감을 심어줄 기회를 찾아주는 것, 그 그래프를 그려주는 일이 부모의 역할이죠.

때로는 뒤로 가는 한 걸음이,
가장 멀리 나아가는 지름길입니다.

PART 5

때론 기다리는 것이 답이다

아이가 원한다고 무엇이든 즉시 들어주는 것은
부모가 스스로 설치하는 함정일 수 있습니다.
기다림을 가르칠 수 있는 사람, 그건 바로 부모입니다.

16장

만족지연 능력이
공부하는 아이를 만든다

초콜릿과 세 살의 선택

아이에게 마시멜로 하나를 주고 15분 동안 먹지 않으면 하나를 더 주겠다고 한 뒤, 끝까지 참는지 관찰하는 유명한 실험을 기억하실까요? 아이의 참을성과 성공 가능성을 엿볼 수 있다는 얘기로 한때 유명했던 실험이죠. 둘째가 세 살쯤 되었을 때 저에게도 '우리 아이들은 어떨까?' 하는 호기심이 스멀스멀 올라왔습니다. 특히 초콜릿 같은 단 음식을 유독 좋아하던 둘째의 반응이 더 궁금하더라고요.

늦가을 제사를 지내러 시댁에 가던 날, 둘째에게 초콜릿을 쥐여주며 "이거 안 먹고 있으면 내일 더 큰 초콜릿 사줄게." 하고 약속했습니다. 그런데 둘째는 다음 날까지 정말로 안 먹고 버텼습니다. 깜짝 놀랐습니다. 배구공처럼 통통 튀는 아이라 금세 쏙 먹어버릴 거라고 생각했거든요. 그날 이후 둘째에 대해 늘 믿음을 갖게 되었고, 나만의 작은 비밀처럼 간직했습니다.

첫째에게도 실험을 해볼지 잠깐 고민했지만, 둘째도 참는데 첫째는 당연히 해내겠지, 하는 마음과 혹여 실패했을 때의 실망과 걱정을 피하고 싶어, 마음속으로는 삼 남매 모두 통과한 것으로 정리해 두었습니다. 얼마 전 이 얘기를 둘째에게 꺼냈더니 "아마 졸려서 초콜릿 먹는 걸 잊어버렸을걸요?" 하며 깔깔 웃더군요. 듣고 보니 정말 그랬을 수도 있겠다 싶었습니다.

마시멜로 실험은 오랫동안 자기 통제력의 중요성을 보여주는 상징으로 여겨졌지만 최근 연구들은 이 실험이 단순히 아이의 의지력을 측정하는 것이 아니라, 어른이 약속을 지킬 거라는 환경에 대한 신뢰도를 반영한다는 점을 보여줬습니다. 결국 아이가 기다릴 힘은, 부모가 신뢰 가는 환경을 만들어줄 때 더 단단하게 자라나는 것이지요. 우리 집의 결론은 분명했습니다. 만족지연 능력은 훈련될 수 있고, 그래서 훈련해야 한다는 것입니다. 그 작은 연습이 아이의 내일을 단단하게 만든다고 믿었습니다.

기다림을 놀이로 만드는 법

우리 부부는 이 부분에서 뜻이 같았습니다. 아이들이 원한다고 바로 사주지 않기, 공공장소에서는 마음대로 행동하지 않기. 두 원칙은 단순했고 태도는 단호했습니다. 식당이나 장난감 가게 앞에서 울며 떼쓰는 상황, 다들 한 번쯤 보거나 겪으셨을 겁니다. 정말 진땀 나는 순간이지요. 그럴 때 저는 속으로 '힘내라, 엄마!' 하고 조용히 응원하곤 했습니다.

삼 남매는 원하는 물건이 생기면 생일이나 크리스마스까지 기다리는 것이 기본이었습니다. 기념일까지 기다리기 어렵다면 상응하는 노력이 필요했지요. 집 안 청소 돕기, 상 차리기, 동생 돌보기, 반려견 산책시키기, 책 읽기, 시험 100점 받기까지, 미션은 다양했습니다.

크리스마스 선물도 마찬가지였습니다. 아이들은 산타할아버지께 미리 편지를 썼고, 크리스마스 이브가 되면 남편은 북미항공우주방위사령부가 어린이들을 위해 만든 산타 비행경로를 보여주며 기대를 키워주었지요. 산타에게 보낸 편지를 읽어보는 재미도 쏠쏠했습니다.

　막내가 고학년이 될 때까지 우리는 우리만의 산타 편지 의식을 이어갔습니다. 저희 부부는 크리스마스 이브 새벽까지 잠을 설쳐가며 선물을 준비해놓았고, 막내가 트리 밑에 산타를 위한 케이크를 올려두면 저희는 그걸 나눠 먹으며 까르르 웃었습니다. 아이들은 알고도 속아주는 즐거움, 부모는 속아준다고 생각하면서도 기꺼이 연기하는 즐거움으로 한 해의 끝을 추억으로 채웠습니다.

어릴 때부터 "원한다고 쉽게 얻을 수 없다!"는 감각을 즐겁게 훈련한 아이들은 지금도 용돈을 받거나 필요한 것을 말할 때 합당한 이유를 먼저 생각합니다. 기다리는 시간에도 익숙해졌지요. 그래서일까요, 가끔 바로 사줄 때면 아이들은 두 배, 세 배로 기뻐합니다. 기다림이 단순한 인내를 넘어 우리 가족의 놀이가 되었기 때문입니다.

공부라는 이름의 만족지연 훈련

공부도 마찬가지입니다. 아니, 공부야말로 만족지연 능력 없이는 해낼 수 없는 일이고 동시에 가장 반복적인 만족지연 훈련입니다. 스마트폰의 유혹을 이겨 교과서로 돌아오기, 놀고 싶은 마음을 잠깐 눌러 문제 한 번 더 풀기. 이 모든 장면이 만족지연의 실전입니다.

어느 날 아이가 숙제를 미루고 게임을 하거나 친구들과 놀러 나가겠다고 한다면, 먼저 이렇게 스스로 물어야 합니다. '정말 게을러서일까, 아니면 지금의 재미를 포기하지 못하는 뇌의 습관 때문일까?' 결국 지금의 즐거움을 잠시 내려놓고 나중의 성취를 선택하는 훈련입니다. 아이에게 그 기다림을 견디는 정신적 근력을 길러 주어야 합니다. 여기서 부모의 조급함은 금물입니다. 조급함은 아이를 쉽게 포기하게 만듭니다.

"너 공부했다면서 왜 이거밖에 못 했어?" "이 점수로는 안 돼, 정신 차려!" 이런 말은 아이에게 '빨리 성과가 안 나오면 포기해도 된다는 신호로 들릴 수 있습니다. 결과를 다그치는 말 한마디가 원하는 결과가 빨리 나오지 않으면 쉽게 포기하는 아이로 만들 수 있지요. 대신 이렇게 말해 주세요.

"네가 정한 약속을 지킨 게 중요해. 잘했어."
"조금씩 좋아지는 것도 멋져. 결과보다 과정이 더 중요해."
"지금은 게임을 미뤘지만, 약속대로 주말엔 함께 하자."
"일주일간 스스로 공부한 걸 모아 보자. 놀라게 해 줄게."

매일 조금씩 해도 시간이 쌓이면 공부도 운동처럼 분명 늘었다는 걸 느낄 수 있습니다. 그러려면 부모도 만족지연 능력을 함께 키워야 합니다. 아이들은 아직 기다림의 의미를 모를 수 있기에, 부모의 태도가 그 의미를 가르칩니다. 결국 부모와 아이가 같이 성장할 때 우리는 이 훈련을 끝까지 잘 해낼 수 있습니다.

노력으로 얻어낸 특별한 가족, 벤

아이들의 생활 곳곳에는 만족지연 능력을 기를 실천 방법이 있습니다. 부모는 방법과 시간을 정해 함께 노력해야 합니다. 우리 가족에게 강아지 벤이 온 길도 만족지연 능력을 기르는 과정이었습니다.

동물을 좋아하던 둘째는 반려견을 키우고 싶다며 늘 노래를 불렀습니다. 하지만 남편은 강아지를 무서워했지요. 아무리 조르고 애교를 부려도 남편은 쉽게 넘어가지 않았습니다. 애처로운 마음에 제가 아이디어를 냈습니다. 기분 좋게 술에 취해 돌아온 남편에게 슬쩍 제안했죠. 둘째가 우리 집에서 강아지를 키워야 하는 이유를 PPT로 만들어 발표해 보고, 엄마 아빠가 이해되면 입양하자고요.

남편의 취중 약속을 받아냈고, 다음 날부터 둘째는 PPT 작성에 몰입했습니다. 며칠 뒤 아빠 앞에서 그럴듯한 프레젠테이션을 열었지요. 노력 앞에서 남편은 더 이상 반대할 명분이 없었습니다. 그렇게 우리 집에 강아지 '벤'이 왔습니다. 그날부터 지금까지 벤은 둘째의 그림자처럼 붙어 다녔고, 둘째가 쏟는 사랑도 각별했습니다.

벤이 채워주는 정서적 안정감은 제게도 큽니다. 퇴근 후 가장 먼저 달려 나와 꼬리를 흔드는 벤을 보면 마음이 저절로 무장 해제됩니다. 특히 둘째에게 벤은 더 큰 존재였습니다. '책임감' 하나로는 다

설명되지 않는 애틋함이 있어 힘들 때도, 기쁠 때도 벤과 감정을 나누며 둘째는 균형을 회복했습니다. 사춘기의 예민함을 벤과 함께 달랬고, 때로는 제가 미안해질 만큼 의지하더군요.

입을 굳게 다문 사춘기 딸 때문에 고민하던 후배 변호사에게도 저는 조심스레 같은 제안을 했습니다. 반려견은 큰 책임이 따르는 일입니다. 끝까지 책임질 각오가 섰다면 시도해 보라고요. 강아지 때문에 대화하고, 강아지 때문에 웃게 된다는 말을 덧붙였습니다. 그 후배는 실제로 강아지를 입양했고, 매일 딸과 함께 강아지 산책을 나서는 일상이 자리 잡았습니다.

기다림을 가르칠 수 있는 사람

만족지연 능력을 기르는 실천 방법을 공부에도 꾸준히 적용해 나갔습니다. 아이들이 스마트폰을 갖고 싶다며 한창 조를 때도 바로 사주지 않았습니다. 그랬더니 아이들이 "시험에서 백 점을 맞으면 사 달라"고 조건을 스스로 제안했지요. 저도 흔쾌히 받아들였습니다. 시험이 다가오자, 아이들 눈빛은 더 초롱초롱해졌고, 책상 앞에 앉는 시간도 자연스레 늘었습니다.

마침내 시험이 끝난 날, 집에 돌아와 보니 둘째가 시무룩했습니다. 한 문제를 틀렸더군요. 스마트폰이 걸린 시험이었으니 억울할 만했습니다. 둘째가 얼마나 성실히 준비했는지 알았기에 저는 스마트폰을 사주기로 했습니다. 대신 이번에 놓친 백 점을 몇 번 더 만들어 보자고, 약속을 한 번 더 키웠습니다.

열심히 하면 좋은 일이 일어난다는 경험을 아이가 실제로 맛보는 것이 중요합니다. 그래서 책 읽기, 시험 잘 보기, 문제집 풀기, 숙제 잘 하기 등을 원하는 보상과 연결해 왔습니다. 기다리고, 계획하고, 실천했다면 그에 걸맞은 보상이 따라와야 아이도 신이 나서 다음 단계를 밟을 수 있으니까요.

반대로, 아이가 원한다고 무엇이든 즉시 들어주는 것은 부모가 스스로 설치하는 함정일 수 있습니다. 디지털에 익숙한 요즘 아이들은 즉각적으로 얻는 반응에 익숙해 자기 조절력이 약해지기 쉽습니다. 조금만 불편해도 금세 짜증을 내고, 부모가 즉각 반응하면 만족지연을 연습할 틈이 사라집니다.

만족지연 능력은 곧 자기 조절 능력입니다. 더 큰 가치를 위해 지금의 욕구를 잠시 미루는 힘이지요. 학습은 물론, 친구 관계와 경제 감각, 사회성까지 전반에 좋은 영향을 줍니다. 그리고 이 능력을 기를 수 있도록 곁에서 도와줄 수 있는 유일한 주체는 부모입니다. 부모가 꼭 해줘야 할 일입니다.

기다림을 가르칠 수 있는 사람, 그건 바로 부모입니다.

―――― 17장 ――――

영어유치원, 특목고,
이런 실패담 들어봤어?

영어 유치원 앞에서 터진 눈물

1980년대 또는 그 이전에 학교를 다닌 성인이라면 한 번쯤 겪었을 공포증세가 있습니다. 영어로 말하려고 하면 심장이 벌렁거리고 말문이 막히는 영어 울렁증입니다. 중고등학교 때 영어 문법책을 달달 외우던 전교 1등도, 저처럼 영어를 좋아하던 영문학 소녀도 영어 말하기 앞에서는 자신감이 콩알만 해지곤 했지요. 그럴 수밖에요. 해외여행은 꿈도 못 꾸던 시대를 지나, 졸업과 동시에 취업 전선으로 뛰어들던 삶이었으니까요. 영어를 제대로 배울 기회도, 써 볼 기회도 드물었습니다.

첫째를 영어 유치원에 보내고 싶었던 제 마음도 그 연장선이었을까요. '너는 엄마와 다르게 영어를 잘해야 해.' 첫째는 이중언어를 쓰는 아이로 자라겠지.' 이런 바람이 영어 유치원 선택의 잣대가 되었습니다. 영어 유치원이 만병통치약이라도 되는 양 믿고 있었던 건 아니었을까요. 정말 만병통치약이었을까요? 하지만 아무리 좋은 명약도 누군가에게는 부작용이 따르기 마련입니다. 등원 석 달 만에 첫째의 울음이 시작됐습니다. 유치원 문 앞에서 터진 울음은 다음 날엔 자동차 안에서, 또 그다음 날엔 아침밥을 다 먹고 난 후에 터졌습니다. "왜 영어 유치원 가기 싫어?" 물으며 아무리 달래도 첫째는 "안 가고 싶어." 한마디뿐.

그만둘 명확한 사유는 보이지 않으니 부모 마음은 갈등 속이었습니다. '힘들어하는데 그만 보낼까?' '겨우 석 달 다니고 포기하면 다음 고비는 어떻게 버티겠어?' 하는 마음을 오가며, 단순한 이유로 접어야 한다는 생각과 포기 습관이 생길까 하는 불안이 강하게 부딪혔습니다. 이미 미국에서 공립유치원에 보내려다 실패한 경험이 있었기에, 또 다시 포기하는 건 더 어려운 일이었습니다. 아이가 영어에 흥미를 붙이게 하려고 영어 뮤지컬을 보여주고, 재미있는 영어 영상과 책도 함께 봤습니다. 영어 자체는 싫어하지도, 못하지도 않는 듯 보였지만 유치원에 가자고만 하면 아이 눈에 닭똥 같은 눈물이 또르르 떨어졌습니다.

결국 가을 무렵, 저는 마음을 돌렸습니다. '영어가 뭐라고.' 딱 그 마음뿐이었지요. "오늘은 가지 말자." 그 말을 하자 첫째의 큰 눈망울이 반짝였습니다. "그래, 엄마가 졌다."

한참 뒤, 그때 이야기를 첫째와 다시 나눈 적이 있습니다. 첫째는 한국어를 못 쓰게 해서 싫었다고 했습니다. 저는 첫째가 어떤 틀 안에서도, 엄격한 규율 안에서도 잘 적응할 거라 믿었지만, 빡빡한 규칙은 첫째의 성향과 맞지 않았던 겁니다. 흥미롭게도 영어 유치원에 대한 거부감은 둘째, 셋째에게도 비슷하게 나타났습니다. 그 경험을 지나고 보니 영어 조기 교육이 모든 아이에게 효과적일 수는 없다는 걸 더 분명히 알게 되었습니다. 그래서 결론을 바꿨습니다. 영어 조기 교육은 무조건 너도나도 따라갈 일이 아니라, 아이의 성향과 맥락에 맞춰 선택할 일이라고요.

진짜 영어 선생님은 유튜버

영어 유치원을 포기한 첫째는 영어를 싫어하는 아이가 되었을까요? 저는 첫째에게 "영어 유치원은 그만두되, 영어를 아예 안 할 수는 없으니 아주 쉬운 레벨의 학원부터 다시 시작해볼래?" 하고 물었습니다. 아이는 하루에 잠깐 다니는 건 괜찮다고 했고, 우리는 문턱을 낮춰 출발했지요. 그러자 자신감이 다시 자라기 시작했습니다.

초등학교 3학년이 되자 첫째는 친구에게 들은 학원을 본인이 직접 찾아가 다니겠다고 했고, 실제로 그렇게 했습니다. 레벨 테스트 결과는 역시 매우 낮은 단계. 혹시 창피해서 그만두겠다고 할지 걱정했지만, 스스로 선택한 학원이어서인지 전혀 개의치 않았습니다. 그렇게 첫째는 자신이 고른 학원을 꾸준히 다녔고, 2년이 되기 전 영어 실력은 이미 부쩍 늘었습니다. 더 나아가 영어공부를 정말 재미있어했고, 국제중학교 진학이라는 목표까지 세우게 되었지요.

하지만 영어가 본격적으로 확장된 진짜 계기는 학원이 아니었습니다. 진짜 선생님은 유튜버였습니다. 첫째는 어려서부터 메이크업을 좋아했어요. 어느 날부터 해외 뷰티크리에이터의 영상을 틈날 때마다 보기 시작했습니다. 직접 따라해 볼 화장품도 없었는데, 과정을 지켜보는 것만으로 충분히 즐거워했지요. 밥을 먹을 때도, 주말에도, 우리 집엔 늘 영어로 된 메이크업 강좌가 흘러나왔습니다.

첫째는 영어로 말하는 크리에이터들의 말을 수시로 들었고, 잠들 때도 틀어놓았습니다. 가끔은 화장대 앞에 앉아 영어로 화장법을 설명하는 흉내를 내곤 했는데, 얼마나 귀엽고도 웃기던지요. 놀라웠던 건 발음이 거의 원어민 수준이라서 정작 저는 하나도 못 알아들을 때가 많았다는 겁니다. 그렇게 시작된 첫째의 영어는 미국

드라마 보기로 이어졌습니다. 〈프렌즈〉〈내가 그녀를 만났을 때〉 〈모던 패밀리〉〈가십걸〉〈브레이킹 배드〉 등을 자막 없이 볼 정도였지요.

결론은 분명했습니다. 영어교육의 핵심은 학습보다 '경험'이 중요하다는 겁니다. 먼저 영어가 즐겁다는 인식이 아이에게 자리 잡아야 합니다. 만약 그때 억지로 영어 유치원에 계속 밀어 넣었거나, 해외 유튜버 영상을 보는 첫째를 이해하지 못했다면 어땠을까요? 첫째는 아마 영어가 재미있다고는 절대 생각하지 않았을 겁니다.

영어 유치원을 보낼지, 언제부터 영어교육을 시킬지 묻기 전에, 아이의 성향을 제대로 알고 있는지, 영어에 대한 호기심은 어느 정도인지, 영어로 즐길 수 있는 활동을 해봤는지 먼저 따져보는 편이 더 현명합니다. 그게 우리 아이에게 맞는 길을 찾는 가장 빠른 지름길이었습니다.

둘째와 셋째의 실력을 올린 영어 공부법

첫째만큼 영어 흥미가 크지 않았던 둘째는 학교 안에서 실력을 키웠습니다. 내신 기간에는 영어 공부에 시간을 더 들이고, 수행평가·교내 대회 참여를 꾸준히 이어 갔습니다. 영어 독서 발표대회,

영자신문 만들기 수행평가 등에 맞춰 영어책과 기사를 읽고, 온라인 문법 교정 도구를 활용해 글을 다듬고, 발표 준비를 거듭하는 과정에서 실력이 쑥쑥 자랐습니다.

셋째는 어릴 때부터 영어엔 큰 흥미가 없었지만, 좋아하는 수학·과학 시간을 빼앗지 않으려 억지로 시키지 않았고, 그 선택을 후회하지도 않았습니다. 다만 미국 유학을 준비하며 SAT 영어에서 벽을 만났습니다. 특히 어휘가 문제였습니다. 문장구조를 읽어도 모르는 단어가 너무 많으면 점수가 나오기 어려우니까요. 첫 시험을 망친 뒤 마지막 기회까지 약 3개월이 남았고, 그 기간에 선택한 방법이 영어 학습 앱 '말해보카'였습니다. 이 앱은 단순 암기가 아니라 문장 속 빈칸 채우기로 어휘를 학습하게 하고, 틀리면 문장·단어를 반복 노출해 맥락 속 기억을 돕는 시스템이었습니다. 막내는 이 방식으로 어휘를 빠르게 보강했습니다.

아이가 가장 사랑하는 것이야말로 세상에서 가장 뛰어난 영어 선생님일지도 모릅니다.

특목고 실패, '인생 망했어!'

국제중을 다니던 첫째가 어느 날 특목고에 도전하고 싶다 했습니다. 학교생활도 성실했고, 야무진 아이라 "한번 해 보자" 하고 응원했습니다. 늘 그랬듯 과정이라 생각하며 옆에서 격려했지요. 그러나 결과는 불합격이었습니다. "괜찮아, 일반고에서 잘하면 돼!" 하고 아무렇지 않게 말했지만, 제가 위로할수록 첫째의 표정은 굳어졌습니다. 펑펑 울고, 펄펄 뛰며 화를 내기도 했습니다. 그러다 첫째가 뱉은 한마디. "인생 망했어!"

겨우 열다섯 살인 아이가 끝을 말하고 있었습니다. 안 되겠다 싶었습니다. 저는 제 고시 낙방의 밤을 이야기했습니다.

저도 사법고시에 여섯 번 떨어진 뒤, 마지막 1차 시험을 앞두고 너무 지쳐 두피가 두 번이나 벗겨진 때가 있었습니다. 이보다 더 최악은 없을 거라고 생각했지요. 그날 새벽녘, 주섬주섬 옷을 걸치고 대문을 나섰습니다. 그날따라 골목길이 그렇게 깜깜할 수가 없었습니다. 마치 밤이 끝없이 이어질 것만 같은 어둠. 그때 문득 생각했습니다. '지금이 동트기 전 가장 어두운 때 아닐까. 이 순간만 지나면 새벽이 오는데, 여기서 포기하면 안 된다.' 저는 그렇게 자신을 다잡으며 어둠을 힘차게 걸어 나갔었습니다. 동트기 전이 가장 어두웠다는 그 순간, 끝과 과정의 차이를 첫째에게 설명했습니다.

그런데 제 말을 듣는 건지 마는 건지, 아이의 표정은 여전히 답답했습니다. 그러더니 돌연 메이크업 아티스트가 되겠다며 "이제 공부는 안 하겠다."고 했습니다. 그때에도 저는 진심으로 응원했습니다. 첫째는 초등학교 5학년 때부터 자기 로드맵을 그려 국제중에 진학했고, 다음 스텝을 향해 꾸준히 달리던 아이였습니다. 저는 첫째의 저력을 알았습니다. 목표가 정해지면 성실히 해내는 아이였으니까요. 메이크업 아티스트가 된다 해도 첫째는 어느 분야에서든 크게 성장할 거라 믿었습니다.

"엄마가 유명한 메이크업 아티스트도 만나게 해줄게." 저는 주변에 만나볼 디자이너가 있는지 수소문했습니다. 물론 이것도 과정이었습니다. 메이크업 아티스트가 되겠다는 꿈은 금세 사그라들었고, 첫째는 다시 책상으로 돌아왔습니다.

얼마 전, 첫째와 가 보고 싶던 베이커리 카페에 갔습니다. 창밖으로 한강 뷰가 펼쳐진 자리에서 물었습니다. "특목고 떨어지고 많이 힘들었어?" 첫째가 피식 웃더니 말했습니다. "그땐 진짜 인생 망한 줄 알았죠. 엄마가 옆에서 초긍정 얘기만 하니까 더 화났고요. 근데 생각해 보면, 엄마가 '괜찮아, 다 과정이야.'라고 말해주지 않았다면 더 끔찍했을 거예요."

그래, 엄마 말을 듣고 있었구나. 그걸로 됐다 싶었습니다. 실패가 아니라 과정이라는 말을 믿고 다시 책상에 앉은 첫째가 고맙고 기특했습니다. 끝이 아니라는 그 한마디가, 아이를 다시 걷게 합니다.

세상이 그어놓은 결승선 앞에서,
부모는 아이만의 출발선을 알려주는 사람입니다.

18장

스마트폰과의 전쟁, 부숴? 말어?

엄마 아빠는 스마트폰, 아이는 수학 문제

얼마 전 동네 카페에서 남편을 기다리는데, 옆 테이블 엄마의 신경질적인 말투가 자꾸 귀에 걸렸습니다. 초등학교 저학년쯤 되어 보이는 남자아이와 엄마 아빠가 함께 있었고, 아이는 수학 문제를 풀고 있었습니다. 아이가 풀이에 막히거나 틀릴 때마다 엄마는 아이의 잘못을 꼬집듯 지적했습니다.

"집중을 안 해서 틀린 거야! 배운 건데 왜 몰라? 풀이 과정을 제대로 써야지!"

그 말들 사이에서도 아이는 착하게도 꾸역꾸역 문제를 풀고 있었습니다. 그런데 신경 쓰인 건 말투만이 아니었습니다. 아이는 문제를 푸는데, 엄마와 아빠는 각자 스마트폰을 보고 있었거든요. 영상에 빠진 아빠는 킥킥 웃고 있고, 엄마는 잔소리 한마디를 쏘아 올린 뒤 곧장 다시 화면으로 시선을 돌렸습니다. 잔잔한 음악이 흐르는 편안한 카페, 저 아이도 수학 문제 대신 스마트폰을 보고 싶지 않았을까요? 결국 아이가 물었습니다. "엄마, 문제 다 풀고 스마트폰 봐도 돼요?"

선배님 애들은 스마트폰 잘 안 했어요?

집마다 스마트폰 전쟁입니다. 아이들은 틈만 나면 스마트폰을 보려 하고, 부모가 압수하면 침묵시위, 결국 조건부 해제…… 또다시 전쟁. 초중생의 스마트폰 과다 사용 문제로 인한 사춘기 갈등 심화는 이제 상식이 되었지요. 변호사 후배들도 종종 묻습니다. "언제 사 줘요? 어떻게 조절하죠?" 그리고 빠지지 않는 질문. "선배님 아이들은 스마트폰 잘 안 보죠?"

솔직히 저는 아이들과 스마트폰으로 싸운 적이 거의 없었습니다. 가끔 하는 모습이 보이긴 했지만 과하다고 느끼지 않았고, 굳이 막지도 않았습니다. 그래서 제 대답은 늘 같았습니다. "우리 애들은 게임을 안 좋아해서 스마트폰을 잘 안 했어요."

그런데 이번 책을 쓰면서 아이들에게 어떻게 그럴 수 있었는지 물어봤더니 세 아이는 서로를 보더니 이구동성으로 말했습니다.

"스마트폰요? 어떻게 안 봐요. 웹툰도 보고, 게임도 했어요!"

첫째는 공부하겠다며 독서실에 갔다가 밤새 웹툰을 본 적도 있었다더군요. 둘째는 "엄마 회사 갔을 때 하루 종일 누워서 폰 했지. 내 방은 스마트폰 하다가 엄마 들어오면 후다닥 숨기기 딱 좋았어요." 하며 무용담을 줄줄이 늘어놓았습니다.

세상에나. 저는 전혀 몰랐습니다. 웹툰을 좋아한다는 건 알았지만, 밤새 스마트폰을 봤을 거라고는 상상도 못 했습니다.

스마트폰 감옥 탈출 대작전

그러고 보니 스마트폰 때문에 소동이 벌어진 적이 한 번 있었습니다. 삼 남매가 공부할 때는 스마트폰을 쓰지 않겠다며 시중에 파는 '스마트폰 감옥'을 사더라구요. 정해 둔 시간이 지나야만 열리는 제품이었는데, 그때는 "요즘엔 별것이 다 있네!" 싶어 꽤 신기해했습니다. 나중에 알고 보니, 아이들이 스스로 만들어 낸 이 방법이 행동경제학에서 말하는 사전 약속 장치Precommitment Device라는 훌륭한 전략이더군요. 미래의 유혹에 빠질 자신을 알기에, 현재의 내가 미리 족쇄를 채워두는 현명한 방법이었던 거죠.

하지만 며칠 못 가 문제가 생겼습니다. 첫째와 둘째가 다투는 바람에, 첫째가 둘째 휴대폰을 감옥에 넣고 잠가 버린 겁니다. 그것도 일주일 뒤에만 열리도록 설정해 두었지요. 꼼짝없이 둘째는 일주일 동안 휴대폰을 못 쓰게 생겼고, 급한 마음에 발만 동동 굴렀습니다. 결국 공구상자가 등장했습니다. 자매는 언제 싸웠냐는 듯 마음과 힘을 모아 스마트폰 감옥을 분해했고, 휴대폰을 무사히 탈옥시켰습니다.

몰랐기에 가능했던 스마트폰 자기조절

삼 남매는 스마트폰에 처음부터 관심이 없던 아이들이 아니었습니다. 오히려 절제를 위해 계속 시도하던 아이들이었지요. 첫째는 스마트폰을 안 쓰겠다며 2G폰으로 교체한 적이 있었고, 막내는 제한 앱의 부모 권한을 첫째에게 넘겨 사용량을 줄였습니다. 각자 방식으로 사용 조절 능력을 길러 온 셈입니다.

스마트폰 이용 시간을 조절하기 어렵고, 사용 충동이 강하며, 학업이나 가족관계에 지속적인 어려움이 나타난다면 '스마트폰 과의존'으로 볼 수 있습니다. 과의존은 수면 부족을 부르고, 피로가 쌓인 틈에 우울·무기력이 스며듭니다. 결국 집중력 저하로 학업을 해치고, 더 나쁘면 가족과의 소통 고리마저 끊어 갈등을 키웁니다.
    스마트폰 과의존을 막으려면 어떻게 해야 할까요? 구매를 최대한 늦추고 부모가 시간을 철저히 단속해야 할까요? 현실은 녹록지 않습니다. 안전 확인을 위해 스마트폰이 필수 역할을 하고, 초등학생만 되어도 시간제한 문제로 집 안이 전쟁터가 되기 십상이지요. 감시하려 깔아 둔 차단 앱을 우회하고, 친구 스마트폰으로 문구점 앞에서 시간을 때우는 이야기는 한 집 걸러 들립니다.

결국 핵심은 사용을 조절하는 능력을 아이 자신에게 길러 주는 일입니다. 유혹과 충동을 다루는 자기 조절력이 필요합니다. 통제와 간섭을 세게 할수록 자기 조절력은 바닥을 칠 수 있습니다. "우리 아이는 절대 스스로 못 한다."라는 하소연이 들릴 때일수록, 부모의 통제가 오히려 길을 막고 있지 않은지부터 점검해야 합니다.

카페에서 보았던, 아이에게 수학을 시키며 부모는 스마트폰을 보던 그 장면을 떠올려 봅니다. 부모가 스마트폰을 내려놓고 책을 함께 읽거나, 문제를 나란히 풀었다면 어땠을까요. 잔소리로 들리던 지적은 아이에게 반성의 기회가 되었을지도 모릅니다. 문제를 다 풀고도 스마트폰이 아닌 책 읽기를 고르는 선택이 자라날 수도 있습니다.

　인내와 자제, 바로 자기 조절력의 핵심은 부모의 영향과 아이의 직접 경험을 통해 함께 커집니다. 부모가 스마트폰 없는 1분도 못 버티면서 아이의 과의존만 탓한다면, 아무것도 달라지지 않습니다. 모델링이 먼저입니다.

삼 남매의 스마트폰 고민을 잘 몰랐던 건, 아마 제가 워킹맘이었기 때문일 겁니다. 아침엔 아이들을 챙겨 나서고, 퇴근 후엔 밀린 집안일에 매일이 마감이었으니까요. 그래도 분명한 건 하나. 그때로 돌아가도 저는 못 본 척했을 겁니다. 아이들이 스스로 자기 조절력을 키울 기회를 빼앗지 않기 위해서요.

오늘 우리 집에 또 하나의 '스마트폰 감옥'이 도착했습니다. 취업 시험을 준비하는 둘째가 쓰겠다고 주문했다네요. 예전에 처참히 분해됐던 감옥이 떠올라 피식 웃음이 났습니다. 아이의 모든 것을 통제하려는 손을 놓을 때, 아이는 비로소 단단해지는 법을 배웁니다.

비밀 없는 엄마와 딸, 단 성적은 비밀

20세기에 태어난 엄마가 21세기에 태어난 자녀와 대화할 때 지켜야 할 원칙이 있습니다. 먼저, 조언과 충고는 금지입니다. 조언 뒤에 '다 너를 위한 말이야'를 붙여도 아이에게는 그저 잔소리일 뿐이지요.

때로 아이의 이야기가 부모의 기대에 못 미칠 수 있습니다. 그럴 때 너무 심각하게 받아들이지 말고, 독립적 인격으로 성장하는 과정으로 여겨야 합니다. "너는 어떻게 그런 생각을 하니?" 하며 생각을 부정하면 아이는 입과 귀를 닫습니다. 정말 필요한 건 듣는 귀 아닐까요?

원칙을 요약하면 '잔소리하지 말고, 그냥 듣자'입니다. 저는 아이들과 대화할 때 이 원칙을 지키려 애썼고, 덕분에 아이들의 고민 상담사는 늘 엄마였지요. 특히 조잘조잘 종달새 같은 둘째와는 비밀이 없었습니다. 친구와의 감정 밀당부터 둘째가 애정하던 BTS 스케줄까지 함께 공유했어요. 물론 저는 아직 그 친구가 누구인지도, BTS 멤버 얼굴도 헷갈리지만, 그 순간만큼은 온전히 대화에 집중했습니다. 감성 풍부한 중학생이 된 듯, 열혈 아미가 된 듯, 둘째의 감정 롤러코스터를 엄마도 함께 탔습니다.

그런데 그렇게 모든 걸 공유하던 둘째와 저 사이에도 단 하나의 비밀이 있었습니다. 저도 궁금했지만, 한편으로는 자세히 알고 싶지 않았던 것. 바로 성적표였지요. 알려 달라고 말은 했어도, 보여 달라며 강요하진 않았습니다. 우리는 성적 이야기만 빼고 모든 이야기를 나눴습니다.

성적표? 엄마가 더 불안해져요

웃음만큼 눈물도 많은 둘째는 시험이 끝나면 방에 틀어박혀 우리 집 강아지 벤을 껴안고 엉엉 울곤 했습니다. '시험이 어땠길래 우는 걸까?' 궁금할 때도 있었지만, 저는 성적 얘기를 먼저 꺼내지 않았고, 성적표를 보여달라고 강요하지도 않았습니다. 그저 둘째가 눈물을 닦고 방문을 열 때까지, 울음소리를 들으며 기다렸습니다.

제가 늘 강조하는 말이 있습니다. '속도보다 방향이 중요하다.' 일터에서도, 집에서도 저는 언제나 방향을 먼저 이야기했습니다. 달리다 낭떠러지를 만나면 멈춰야 합니다. 그런데 속도가 빠르면 관성 때문에 멈추기 어렵지요. 방향을 살피지 않고 무작정 빨리만 달리면, 위기 앞에서 크게 넘어지거나 주저앉기 쉽습니다.

맞는 방향으로 달려왔다면 결과를 문제 삼지 않았습니다. 제게 성적표는 단순한 결과일 뿐이었습니다. 아이들이 12년의 레이스 동안 1년에 네 번, 많게는 열 번 넘게 받아 들 성적표. 그 한 번의 숫자로 아이를 평가하고 싶지 않았습니다.

저 역시 사람인지라 보이는 숫자에 일희일비할까봐 겁이 났습니다. '왜 지난번보다 등수가 내려갔지?' '겨우 평균 점수네.' 그런 마음이 들까 겁나서 성적표에 매달리지 않겠다고 다짐했습니다. 다른 친구 성적도 묻지 않았습니다. 비교가 시작되는 순간, 아이 마음은 주눅 들기 마련이니까요.

그래서 삼 남매 모두 저에게 성적표를 보여주지 않았습니다. 잘 봤을 때만 신나서 등급이나 등수를 슬쩍 말해주었고, 못 본 날은 둘째처럼 울거나 방에 틀어박혀 표정과 기운으로 답을 대신했지요.

솔직히 성적표를 안 봐서 편한 점도 있었습니다. 성적표를 사이에 두고 얼굴 붉힐 일도 줄었고, '떨어져서 걱정, 안 올라서 문제' 같은 소모적 고민에서 벗어났습니다. 돌이켜보면 제 마음의 평정을 지키려는 선택이기도 했습니다.

핵심은 성적표를 보느냐 마느냐가 아닙니다. 등수에 가슴 찢기고, 1점에 목숨 걸고, 비교로 상처 주지 않는 것. 이 원칙을 지키는 게 중요합니다. 성적표에 매달리는 순간, 아이는 잘못된 방향으로 달리게 됩니다. 그리고 잘못된 방향일수록 빨리 달릴수록, 되돌아올 때 더 멀리 돌아와야 합니다. 속도보다 방향이 중요한 이유입니다.

아이를 향한 통제의 손을 놓아 주세요. 그 빈손으로 아이는 비로소 자기 인생의 운전대를 잡습니다.

―――― 19장 ――――

미리 힘 빼면 안 되는데

초등학교 시절, 실컷 놀았기에

제가 아이들 초등학교 시절 지킨 중요한 원칙 하나가 주말이나 방학에 특강을 듣게 하지 않는 것이었습니다. 주말과 방학에는 쉬어야 다음 주중 일정이나 새로운 학기를 잘 해낼 수 있다고 생각했어요. 충분히 쉰 아이가, 쉬지 못하고 선행 학습을 한 친구들보다 훨씬 더 잘 해낼 것이라 믿었던 것이죠.

주말이나 방학이 있는 이유는 아이들에게 휴식이 필요하기 때문인데, '묻지 마 선행'을 권유하는 학원들 유혹에, 아침부터 저녁까지 꽉꽉 학원 스케줄로 채우고 뿌듯해하는 것은 현명하지 못하다고 생각했습니다. 그렇다고 아이들이 공부를 안 한 건 아닙니다. 방학엔 학기 중 하던 스케줄대로 공부하고 남은 시간은 가족여행이나, 오케스트라, 아니면 재미난 캠프를 즐기러 가기도 하면서 뒹굴뒹굴 시간을 보내게 하는 것이었죠.

첫째는 성실하니 제가 밀어붙였으면 억지로라도 따라왔을지 모르지만, 조금만 진도가 빠른 학원을 보내면 바로 힘들어했기에 공부에 흥미를 잃는 것보다 속도에 맞추는 것이 좋다고 생각했어요. 특히 첫째가 다니는 국제중엔 선행 학습이 한참 되어 있거나 천재성을 보이는 친구들이 많아, 그런 친구들을 마주한 첫째가 처음에 많이 당황했죠. 그때 저는 말했습니다.

"다른 친구는 보지 마. 너는 너만 보고 가면 돼. 누군가 천재라고 보이면 '너는 천재구나! 좋겠다!' 하고 네 인생에서 떼어놓고 생각하면 돼. 선행 학습이 많이 되어있는 친구들이 있어도 깊이 들여다보면 대부분 거기서 거기야. 걱정하지 마! 엄마 말을 믿어봐!"라고 응원하며 방향을 알려 주었습니다.

둘째는 어려서부터 영리하다고 의대 보내라는 말도 곧잘 들었으니, 그럴 때마다 선행 학습을 더 하면 날아다닐까 싶은 생각이 들 때도 있었습니다. 하지만 그때 선행을 강요했다면 둘째는 통통 튀는 밝은 모습을 잃어버렸을지 모릅니다. 둘째의 힘은 관계지능·정서지능에서 온다고 믿었기에 그것을 유지해 주는 것을 더 중요하게 생각했던 것이지요. 그리고 그 힘으로 언젠가 때가 온다면 스스로 잘할 거라 믿어 서두르지 않았어요.

셋째도 마찬가지입니다. 수학 꿈을 꿀 정도로 수학을 좋아했지만, 기면증으로 힘든 시간을 보냈기 때문에 가장 중요한 건 건강이라는 생각을 더 확고히 갖게 되어 서두르지 않았습니다. 기면증 악화를 막기 위해 그 유명한 모 수학학원도 그만둔 경험도 있었지요. 무엇보다 영재고를 진학해서도, MIT에 합격해서도 셋째에게 하는 제 잔소리는 유일하게 '운동해라, 야채 많이 먹어라.'랍니다.

이렇듯 아이들 각자의 사정으로 삼 남매 초등학생 때는 중요한 스케줄이 운동·악기·책·미술·놀이터였고, 방학 때는 거기에 여행·캠프가 추가되었습니다.

 제가 늘 아이들에게 했던 말이 있습니다. "너희는 초등학생 때 충분히 놀았기 때문에, 중학교·고등학교 때 달릴 수 있어."라고요. 그러면 아이들은 다른 친구들이 어떻게 지내왔는지를 알기에 늘 제 말에 동의해 주었어요.

 미리 힘을 빼지 않았기에, 미리 지치지 않았기에, 정말 중요한 시기에 스퍼트를 낼 수 있었고, 그게 나중에 입시에서의 힘이 되었다고 믿습니다.

진짜 스퍼트는 언제?

제가 말하는 진짜 스퍼트의 시기는 중학교 2학년부터입니다. 고등학교 진학을 앞두고 가장 중요한 고비이기도 하지요. 중학교 1학년부터 조금씩 초등학교 때에 비해 공부 시간을 늘려가고 내신을 다지고, 2학년 때부터는 치열하게 공부하며 힘껏 스퍼트를 올리고, 3학년 때는 정리와 마무리를 하면서 고등학교로 진학하는 거죠. 그리고 고등학교 가서는 정말 정신없이 공부에 모든 것을 던져보는 겁니다. 삼 남매 모두 이런 흐름을 거쳤습니다. 그렇게 해도 꼬박 6년이나 긴 시간을 열심히 해야 한답니다.

이렇게 정한 원칙을 지킬 수 있었던 것은 제가 겪은 시행착오가 있었기 때문이기도 했어요. 고시 공부할 당시에는 제 별명을 스스로 '계순이'라고 했답니다. 늘 과욕을 부려 계획표를 하루 열두 시간, 열다섯 시간 꼭꼭 채워 짜놓지만, 며칠 지나지 않아 다시 북북 찢어서 버린 계획표만 몇 박스일 거라고 자조 섞어 붙인 별명이었죠. 그렇게 자꾸 계획을 지키지 못한 저는 자신감을 상실해서 정말 공부를 그만두어야 하나 고민할 정도로 방황했습니다.

 그러다 문득 제게 솔직해지자고 생각을 해봤어요. 할 수 있는 만큼만 계획표를 짜보자 생각한 것이죠. 할 수 있는 양의 80퍼센트만 계획을 짜고, 그것은 꼭 지키자 다짐했습니다.

그렇게 다짐하고 나자, 마음이 가벼워지고 다시 시작할 수 있을 것 같더군요. 최대한 솔직하게 제가 하루 얼마나 집중할 수 있는지 체크해 보았습니다.

건강한 이십 대였던인 제가 하루에 집중할 수 있는 시간이 여덟 시간이 넘지 못하더라고요. 게다가 주말에 과욕을 부려 공부하면 주중에 결국 제대로 해내지 못했어요. 그래서 집중해야 할 공부는 여덟 시간의 80퍼센트인 여섯 시간에 집중적으로 배치하고, 나머지 시간은 집중이 덜 필요한 것들로 채워 넣었습니다. 마지막 암기가 필요한 것은 잠들기 전 잠깐 복습하는 시간을 만들어 한 시간 정도 뒤적이다 잠이 들었죠. 냉정하게 주말은 비우고 컨디션이 허락하면 복습하거나 쉬운 과목 강의를 듣거나 하며 여유 있게 보냈습니다. 그렇게 바꾸고 나니 어느덧 차곡차곡 제가 실천한 계획들이 쌓이고 훨씬 진도를 더 많이 나갈 수 있게 되더라고요.

공부에 집중할 수 있는 한계치가 있다는 것을 그때의 경험으로 알기에 미리 힘 빼는 것을 경계할 수 있게 된 것이죠. 중요한 타이밍에 속도를 낼 수 있게, 부모는 현명한 페이스 메이커가 되어야 합니다.

입시는 긴 레이스랍니다. 인생은 더더욱 그렇죠. 초반부터 과욕을 부려 오버 페이스를 하면 어디에선가 속도를 늦추거나 멈추어서 결승점에 도달하지 못하고 중단해야 할 위험에 처할 수도 있어요. 때로는 방향까지 잘못 잡으면 걷잡을 수 없게 될 수 있습니다.

**모두가 100미터 단거리 선수처럼 뛸 때,
부모만은 마라톤의 끝을 내다보는
현명한 페이스메이커가 되어야 합니다.**

PART 6

책, 읽기 싫어도 읽어야 하는 이유

책은 질문을 낳고, 질문은 인생의 방향을 바꿉니다.
부모가 아이에게 줄 수 있는 최고의 선물, 아이 인생의 나침반이 되어 줄
책 읽기 경험을 함께 쌓아주는 일입니다.

20장
읽기 독립, 빠를수록 좋을까?

베껴 쓰기에서 발견한 끈기

아이를 잘 키우고 싶은 욕심은 엄마라면 누구나 있습니다. 태교 때 배 속의 발차기만 느껴도 우리 아이는 특별하다며 '잘 키워야지' 각오가 불끈 솟죠. 저도 마찬가지였습니다. 첫째를 낳자마자 의사 선생님이 아기를 제 가슴 위에 올려주었는데, 아이가 가늘게 눈을 뜨더니 저와 눈을 맞췄습니다. 이렇게 예쁜 아이를 낳다니 신기했고, '태어나자마자 엄마와 눈을 맞추는 천재를 낳았구나!', 의심하지 않았습니다. 옹알이, 아장아장 걷기, 기저귀 떼기……. 모든 순간이 특별해 보였으니, 눈에 콩깍지가 단단히 씌었던 거죠.

2006년. 첫째가 여섯 살 때, 남편이 미국 연수를 가게 되었습니다. 이때 저는 2001, 2003년생 두 아이를 키우며 셋째를 임신 중이었습니다. 저도 두 아이를 데리고 6개월간 덴버에서 함께 지내기로 했고요. 미국에 있으니 아이들에게 현지 경험을 시키고, 영어도 배우면 좋겠다 싶어 첫째와 둘째를 미국 유치원에 보내기로 했습니다.

  첫날은 두 아이 모두 얼떨결에 갔지만 다음 날부터는 죽어도 안 가겠다며 떼쓰고 울었습니다. 지금 생각하면 무리였다는 걸 알지만 그땐 이 좋은 기회를 놓칠 수 없다는 생각뿐이었고, '유치원은 원래 싫어하다가도 적응한다.'라는 믿음도 있었거든요.

하지만 아이들은 완강히 거부했습니다. 둘째는 아직 한국말도 온전히 못 할 때라 어쩔 수 없이 포기했습니다. 그랬더니 첫째가 왜 자기만 가야 하느냐며 버티기 시작한 겁니다. 당시 한국 유학생 자녀 중 또래도 있어 꼭 미국 유치원 경험을 시키고 싶었지만, 고민 끝에 협상안을 꺼냈습니다.

  "유치원 안 가면, 그 시간만큼 집에서 엄마랑 공부해야 해. 동화책 베껴 쓰기를 하루에 한 권씩. 그래도 괜찮아?" 첫째가 겁을 먹고 유치원에 가겠다고 할 줄 알았는데, 주저 없이 그러겠다고 하더군요. 마음속으로 '요놈 봐라, 내가 어떻게든 힘들게 해서 포기하게 할 거다.' 생각하며 첫째와의 줄다리기를 시작했습니다.

유치원 등원 시간에 그대로 맞춰 일정을 시작했습니다. 동화책과 노트를 쥐여주고 첫째를 놀이 책상에 앉혔죠. 아침부터 시작한 베껴 쓰기는 점심시간만 빼고 계속, 유치원 마칠 때까지 이어졌습니다. 첫날부터 꽤 잘 버티는 모습이었습니다. '하루는 하겠지, 이틀 사흘이면 엉덩이가 들썩이겠지' 싶었는데, 제 예상은 보기 좋게 빗나갔습니다. 첫째는 "엄마, 오늘은 어떤 책을 쓸까요?" 하고 묻더니 물 한 컵, 시어머니가 남편 먹으라고 손으로 빚어 준 홍삼 몇 알까지 챙겨 방으로 들어갔습니다. 여섯 살이 홍삼을 왜 챙겼는지는 모르겠지만, 덕을 본 건지 몇 십 권을 베껴 썼습니다. 점심 때만 거실로 나오고 다시 책상에 앉아 집중. 베낀 책은 책상 옆에 차곡차곡 쌓였고, 그 더미를 보며 뿌듯했는지 "엄마, 다 썼어요. 다른 책도 주세요." 하고 저를 부르곤 했습니다. 결국 저는 두 손 두 발 다 들었습니다.

그때 저는 좋은 교훈을 얻었습니다. 부모의 욕심으로 아이에게 억지로 무언가를 시킬 수는 없다는 것. 지금 돌아보면, 워킹맘인 제가 일을 나가지 않고 하루 종일 곁에서 지켜보고 함께 있었던 시간이 아이에게는 오히려 엄마를 독점할 수 있는 행복이었을지도 모릅니다. 그렇게 미국에서 보낸 시간은 첫째의 끈기와 저력을 확인한 계기였고, 제가 본격적으로 아이들 공부에 관심을 두게 된 출발점이 되었습니다.

덧셈 기호의 충격

그 시절 저는 변호사 6년 차로, 개업까지 겹쳐 정신없이 달리던 시절이었죠. 저녁에 일찍 집에 들어가는 일조차 버거웠운 워킹맘이었고, 집에 오면 아이들과 붙어 있기도 벅찼습니다. 동화책 읽어 주기도 빠듯했으니 '학습'까지 챙길 여력은 없었습니다. 아이들이 잔병치레가 잦던 때라 안 아프고 밝게 자라는 것만으로도 감사했으니까요.

그런데 미국에서 유치원을 안 보내기로 결정하고 나니 생각이 달라졌습니다. 그냥 놀게 할 수는 없겠다 싶어 책 베껴 쓰기에 수학 공부를 곁들이기로 했습니다. 한국에서 학습지로 조금은 공부했으니 덧셈·뺄셈 정도는 알겠지 싶어, '1+1 = ( )' 같은 기초 연산을 쭉 적어 첫째에게 건넸습니다. 수준을 가늠하려는 간단한 테스트였습니다.

첫째는 또 한 번 제 예상을 뒤집었습니다. 이번엔 충격파가 좀 더 강했습니다. 손가락으로 셀 수 있는 덧셈조차 모르는 듯 보였거든요. "정말 모르니?" 하고 묻자, 말똥말똥한 눈으로 모른다고 답하더군요. 저는 손가락·발가락을 동원해 덧셈의 개념을 설명했고, 아이는 곧 잘 따라왔습니다. 알고 보니 개념을 모른 게 아니라 '+'라는 기호 자체를 아직 배우지 않았던 겁니다.

가슴을 쓸어내리면서도 정신이 번쩍 들었습니다. 그동안 다녔던 놀이학교나 학습지 선생님만 믿었다간 큰 낭패를 볼 수도 있겠다 생각했습니다. 아이의 학습 단계를 가장 가까이, 가장 정확히 볼 수 있는 사람은 결국 엄마라는 사실도요. 조금 늦거나 서툴러도 기다려 줄 수 있는 사람 역시 엄마입니다. 그날 이후 저는 초등학교 입학을 준비하는 마음으로 첫째와 공부 여정을 본격적으로 시작했습니다.

어쩔 수 없었던 선택, 읽기 독립

정장을 빼입고 메이크업과 머리 손질까지 받은 어느 날이었습니다. 오전엔 아침 방송에서 열변을 토했고, 오후엔 법원 가사조정실에서 핏대를 세웠죠. 두툼한 서류뭉치를 들고 법원 정문을 나서는 순간 '나는야, 커리어 우먼~'이 되었죠. 하지만 번듯한 겉모습과 달리 머릿속은 덜렁이 엄마였습니다. 첫째 알림장에 있던 그림 연필과 화실 종이 사기, 이모님이 부탁한 청소기 알아보기, 둘째 학원 선생님께 전화하기 등 퇴근 시간이 다가오면 제 머릿속에선, 누군가 머리를 풀고 널뛰기라도 하는 듯 정신이 없었어요.

그 무렵 제 마음을 움직인 책이, 앞에서도 소개한 박혜란 교수님의 『믿는 만큼 자라는 아이들』이었습니다. 아무리 부지런히 움직여도 워킹맘의 엄마 노릇은 완벽할 수 없습니다. 실수도 잦고, 부족함도 많지요. 교수님은 '대충 키워도 잘 자란다.'는 말로 제 불안을 다독여주었습니다. 아이가 하나도 아니고 둘도 아닌 셋인 저는 더더욱 완벽한 엄마가 될 수 없었습니다. 밥을 해도, 나들이를 가도, 공부를 시켜도 세 배가 기본이었으니까요. 물론 셋이 하나가 되어 엄마 없이도 척척 해내는 순간들이 있었지만, 현실의 육아는 늘 벅찼습니다.

그 가운데 가장 어려웠던 게 책 읽어주기였습니다. 두 살, 다섯 살 터울의 삼 남매, 좋아하는 분야도 세 가지, 읽고 싶은 책도 세 권, 책을 보고 싶은 시간대도 제각각이었어요. 목이 쉬어라 읽어도 모두를 만족시키기란 쉽지 않았습니다. 그래서 저는 결심했습니다. '스스로 읽게 하자.' 삼 남매에게 한글을 빨리 가르쳐 '읽기 독립'을 이루게 하자고요. 그렇게 어쩔 수 없었던 선택이 우리 집 읽기 독립의 시작이 되었습니다.

중요한 건 시기가 아닌 함께 쌓는 공감

엄마의 결심이 서자, 우리 집은 또래보다 조금 일찍 한글 떼기에 들어갔습니다. 물론 고민도 있었습니다. 빨리 읽게 되면 정보를 많이 접하고 지식을 빨리 쌓을 수 있지만, 글자에만 의존하다 보면 상상력·사고력의 확장 기회를 놓칠 수 있거든요. 어떤 선택이든 장단점과 아쉬움은 남습니다. 그렇다면 지금 주어진 상황에 맞는 선택을 할 수밖에요.

제가 선택한 방법은 단순했습니다. 학습지 그림을 활용한 통문자 학습을 거쳐 단계별로 진행했고, 아이들은 재미를 느꼈습니다. 습득 속도도 빨랐고요. 나중에 막내는 서점에서 한글 학습지를 사서 제가 직접 가르쳤습니다. 우리 집에서 조기 교육이라 부를 만한 것은 사실상 한글 떼기가 전부였습니다.

여기서 부모가 특히 조심할 점이 있습니다. '이렇게 빨리 읽다니 영재 아닐까?' 같은 과한 기대, 그리고 '옆집 아이는 세 살에 뗐다더라' 식의 비교입니다. 이런 마음이 스며드는 순간, 아이의 속도와 방향을 잃기 쉽습니다. 한글은 도구일 뿐, 아이의 즐거움과 호기심이 길을 정합니다.

그렇다면 언제까지 책을 읽어줘야 할까요? 결론부터 말하면, 정해진 나이는 없습니다. 한글을 깨친 뒤에도 아이는 엄마가 읽어주는 시간을 더 좋아할 수 있고, 스스로 읽는 일을 어렵게 느낄 수도 있습니다. 중요한 건 언제 독립하느냐가 아니라, 책을 함께 읽으며 쌓는 얼마나 정서적 공감을 쌓고 있느냐입니다.

저는 삼 남매와 정서적 공감을 유지한 채 '읽기 독립'을 돕겠다고 마음먹었습니다. 각자 읽고 싶은 책은 스스로 고르게 했고, 잠자기 전에는 제가 직접 읽어주려 애썼습니다. 아이들 수준보다 너무 어려운 책은 권하지 않았고, 얇고 글밥이 적은 책부터 자연스럽게 넓혀 갔습니다. 막내가 만화책만 좋아할 때도, 다른 책을 강요하거나 막지 않았습니다. 학습·역사만화가 지닌 정보량과 재미도 읽기독립을 위한 훌륭한 징검다리였습니다.

핵심은 단순합니다. 속도보다 관계, 성취보다 공감. 함께 읽는 시간이 즐거워야, 아이는 스스로 읽고 싶어지는 마음으로 자라납니다.

다섯 식구의 잠자리 토크

우리 부부는 둘 다 잠이 많고, 체력이 강한 편이 아닙니다. 저녁에 퇴근해 집에 오면 이미 에너지가 바닥나기 일쑤였죠. 다섯 식구가 둘러앉아 저녁을 먹고, 집 안 정리를 조금 하고 나면 소파에 널브러져 보내는 시간이 많았습니다. 물론 아이들도 함께였습니다. 아이가 셋이면 엄마가 집에 돌아와 중재해야 할 일도 많습니다. 누가 뭘 잘못했네, 누가 싸웠네, 각종 민원이 끊이지 않아, 엄마 아빠가 해결해야 할 송사가 줄줄이 기다립니다.

그래서 우리 가족은 일찍 잠자리를 펴고 누워 그날의 송사를 정리한 뒤 수다를 떨다 곯아떨어지곤 했습니다. 주말도 다르지 않았습니다. 하루 종일 이불에서 뒹굴뒹굴하던 날이 많았습니다. 아이들이 학원에 다니기 시작하며 숙제를 마저 하느라 조금 늦게 잠드는 날도 있었지만, 밤 9시가 되면 다 함께 누웠습니다. 저는 노래를 불러주기도 하고, 책을 읽어주기도 했고, 함께 잠드는 것이 일상이 되었습니다. 오른팔은 첫째, 왼팔은 둘째가 베고, 막내는 제 배 위에 폭 얹혀 있었습니다. 그때를 떠올리면 아이들은 늘 내의나 잠옷 차림. 저도 다르지 않았지요. 지금 생각하니 부끄럽고 아찔하지만, 참 따뜻했습니다.

잠자리에 든 아이들은 제가 노래를 부르거나 책 한두 권을 읽어주면 금세 잠이 들었습니다. 다만 어떤 날은 눈이 다시 말똥말똥해져 난감할 때가 있었죠. 그럴 때 꺼내던 비장의 무기가 '망태 할아버지' 동화였습니다. 순진한 막내는 정말 망태 할아버지를 무서워했고, 그 모습이 귀여워 제가 더 무서운 척 연기하면 막내는 곧 이불 속으로 도망가 이내 잠들곤 했습니다.

막내의 잠을 부르는 캐릭터가 하나 더 있었으니, 『시튼 동물기』의 늑대 '로보'였습니다. 특히 여행 전날이나 할머니 댁에 가는 날엔 신이 나서 잠을 안 자는데, 그때 "저기 로보가 따라오는 것 같아!" 하면 막내는 이불 속에서 꿈쩍도 하지 않았습니다. 상상력이 풍부한 막내는 책이나 드라마를 현실처럼 느끼곤 했지요. 한번은 여행을 마치고 돌아올 때 산을 올려다보며 "에휴, 로보만 사라지면 얼마나 좋을까?" 하고 한숨을 쉬어, 온 가족이 한참 웃었습니다.

아이들과의 잠자리 토크는 워킹맘인 제게 힐링이자 충전의 시간이었습니다. 일과 육아로 벅차도, 마치 충전기를 세 개는 끼운 듯 매일 충전됐습니다. 아이들이 커서 각자 방을 갖게 된 뒤에도 우리는 거실 소파에 붙어 누워 수다를 떨거나, 안방 침대에 다섯이 비집고 누워 이야기를 이어갔습니다. 그 시간의 행복감은 시간이 흘러도 쉽사리 잊히지 않을 것입니다.

괴테의 베갯머리 이야기

독일의 문호 괴테는 자신의 문학적 자질이 어린 시절 베갯머리에서 어머니가 들려준 전래동화에서 출발했다고 고백했습니다. 어머니는 독일어를 간신히 읽고 쓸 정도의 교육만 받았지만, 잠자리에 들기 전 늘 옛이야기를 들려주었고, 결말은 괴테가 직접 만들어 보게 했다고요. 그런 잠자리 독서의 상상 연습이 훗날 그를 독일 문화를 대표하는 거장으로 성장시켰습니다.

아이들과 잠자리 독서로 괴테 같은 거장을 꿈꾼 건 아니었지만, 그 시간은 아이에게 온전히 집중할 수 있는 시간이었고, 실제로 가장 밀도 높은 교감이 이루어지는 시간이었습니다. 아이들이 훌쩍 자란 뒤에야 우리가 쌓아 올린 시간의 효과와 흔적을 또렷이 보게 되었습니다.

잠들기 전의 조용한 대화와 독서는 아이의 청각적 주의력과 기억력도 키웁니다. 요즘 아이들은 이른 시기부터 강한 시각 자극에 자주 노출되어, 소리와 말만으로 전달되는 정보에 집중하기 어려워합니다. 평범한 수업이나 부모의 부름에 잘 반응하지 못하는 이유도 여기에 있지요. 잠자리 독서는 귀로만 듣는 재미를 통해 청각 집중력을 단단히 세워줍니다.

또 하나, 잠자리 독서는 상상력을 키웁니다. 엄마의 목소리로 듣는 캐릭터들이 늦은 저녁의 노곤함과 뒤섞이며 아이를 상상의 세계로 데려가거든요. 같은 동화를 반복해도 막내가 매번 놀라고 신기해하던 이유는 아마도 그날의 기분, 그날의 엄마 목소리의 온도에 따라 다른 상상으로 빠져들었기 때문 아닐까요.

진정한 읽기 독립이란 부모의 손을 놓는 것이 아니라, 함께 나눈 이야기의 힘으로 더 큰 세상을 향해 나아가는 용기입니다.

21장
책과 함께 놀자

최고의 나들이 장소, 서점

워킹맘의 주말은 오아시스가 아니라 사막의 한증막에 가깝습니다. 재판과 육아까지 묵직하게 싣고 주중 내내 사륜구동으로 질주하다 주말을 맞이하면, 쉬고 싶은 마음은 굴뚝 같습니다. 그런데 집안일은 끝이 없고, 시댁·친정 가족 행사는 줄을 잇고, 삼 남매 생활 점검까지 챙겨야 하니까요. 때때로 숨이 턱턱 막히는 한증막 같은 주말이 되곤 했습니다.

우리는 그 반대편으로 피신을 갔습니다. 삼 남매를 몽땅 데리고, 서점으로요. 특히 여름이면 대형서점으로 향했습니다. 빵빵한 에어컨 바람 속에서 아이들 각자 읽고 싶은 책을 고르고, 바닥에 철퍼덕 앉아 책을 펼쳤지요. 첫째는 스토리가 흥미로운 소설책, 둘째는 스스로 성장하는 법을 담은 어린이 인문 교양서, 막내는 언제나 과학책을 골랐습니다.

막내는 물리 만화에서 시작해 점점 물리 이론서까지 손을 뻗었습니다. 아이들이 책을 고르고 선택하는 태도를 보며, 삼 남매 각자의 성향이 자연스럽게 보였어요. 무엇보다 대형서점의 장점은 오래 머물 수 있다는 것. 책을 읽다가 서점 옆 푸드코트에서 점심을 먹고, 배가 든든해지면 문구류 쇼핑까지, 그렇게 하루가 후딱 지나갔습니다.

아이들이 책을 살 때, 저는 제가 읽고 싶은 책도 한 권씩 꼭 샀습니다. 아이들이 어릴 땐 그때그때 출간되는 육아 관련 책을 거의 섭렵하다시피 했죠. 어떤 책이든 내 삶으로 가져올 한 줄의 실천은 남는다고 믿습니다. 특히 부모의 책 읽기는 심리적 육아 코칭이 되어 줄 뿐 아니라, 아이들과의 대화에서 바로 쓸 수 있는 재료도 참 많이 얻게 합니다.

삼 남매를 데리고 여기저기 서점을 다니던 날들을 떠올리면, 서점과 함께 아이들을 키웠다는 느낌이 듭니다. 분명한 건 하나. 우리 아이들에게 서점은 '책 놀이터'였다는 사실입니다.

성공의 경험을 선물한 독서 골든벨

부모는 아이를 키우며 엉뚱한 순간에 감동을 받곤 합니다. 식탁에 수저를 가지런히 놓는 작은 성실, 먹으려던 과자를 동생에게 나눠 주는 이타심, 화장실 불을 꼭 끄고 나오는 습관까지. 너무 소소해서 별것 아닌 장면들인데도 '내 아이는 남달라.' '내 아이는 천재야.' 하는 기특함이 올라오지요.

고백하자면, 저도 첫째를 키울 때 '남달라 병'에 한동안 걸렸습니다. 행동 하나하나가 특별해 보였고, 뛰어난 기억력 같은 특별한 능력이 있을 거라 여겼지요. 그런데 꽤 빨리 알게 됐습니다. 그 '남달라'가 사실은 '착각도 병'이었다는 걸요. 첫째는 잘 웃고, 잘 놀고, 잘 먹는 평범한 아이였습니다. 실망은 없었습니다. 오히려 일찌감치 천재·영재 기대를 내려놓은 일이 두고두고 잘한 선택이었습니다. 그 기대에 매여 살았다면, 우리는 행복한 관계가 되기 어려웠을 겁니다.

첫째에게 특별함을 느끼는 마음은 어쩔 수 없지요. 처음이니까요. 처음으로 뒤집은 날, 첫걸음, 돌잔치, 어린이집 첫 등원, 유치원 졸업, 초등학교 입학…… 모든 장면이 선명했습니다. 사랑이 큰 만큼 걱정도 컸고, 첫째가 잘 커야 동생들도 잘 클 거라는 책임감이 저를 더 다그쳤습니다.

그래도 첫째에게 공부만큼은 특별한 기대를 갖게한 일이 있었습니다. 초등학교 1학년 때, 학교에서 하는 독서 골든벨 대회가 있었습니다. 추천도서 10권을 읽고, TV 프로그램처럼 스케치북에 답을 써 마지막까지 남는 대회였지요. 초등 학교 입학 전 제대로 공부를 시킨 적은 없었기에 성적은 욕심이 없었지만, 독서만큼은 즐겁게 경험하게 해 주고 싶었습니다. 크게 한 번 인정받는 경험이 자신감의 불씨가 될 거라 믿었고요.

우리는 입학하자마자 대회 준비를 시작했습니다. 함께 책을 읽고, 거의 외우다시피 반복했습니다. 책장이 너덜너덜해질 때까지. 제가 예상문제를 던지면 아이가 답하고, 수십 번을 반복했지요. 대회 당일, 저는 평소보다 일찍 퇴근해 결과를 기다렸습니다. 멀리서 저를 본 첫째가 달려오며 외쳤습니다. "엄마! 나 골든벨 대상 탔어!" 대견함과 기쁨이 한꺼번에 밀려왔습니다. 솔직히 입상만 해도 충분하다고 생각했는데, 결과는 대상이었습니다.

그 대상은 첫째에게 멋진 출발선이 되었습니다. 책 읽기의 문이 활짝 열렸고, 해낼 수 있다는 기쁨도 맛보았지요. 이후 매해 골든벨 상을 놓치지 않으려 성실히 준비했고, 그 과정에서 모녀의 끈끈함도 더해졌습니다.

우리는 골든벨로 두 가지 선물을 얻었습니다. 책의 재미, 그리고 할 수 있다는 자신감. 대회에서의 인정 경험은 첫째에게 긍정적 강화가 되어 자기 선택적 독서로 이어졌고, '나는 책을 잘 읽을 수 있다, 내 노력이 인정받는다.' 하는 기억은 학습 전반의 자기효능감을 끌어올렸습니다. 자기효능감이 높아질수록 아이는 도전에 긍정적이 되고, 실패를 두려워하지 않는 태도를 키워갑니다.

책 읽기, 놀이처럼 가능할까

제 어렸을 적 아버지가 빨간 표지의 세계 문학전집을 사 온 날을 잊을 수 없습니다. 권수는 대략 50권.『걸리버 여행기』『작은 아씨들』『어린 왕자』『삼국지』그리고 러시아 동화 모음까지, 동화·역사·문학이 두루 담긴 세계문학이었지요. 빨간색 책들이 거실 책장에 나란히 꽂히던 날, 우리 집이 세상에서 가장 부잣집처럼 보였습니다.

동생들보다 먼저 새 책을 읽고 싶어 저는 늦은 시간까지 페이지를 넘겼습니다. 집에 있던 50권을 모두 읽고 나서는, 이웃 친구 집의 전집까지 돌아가며 읽었습니다. 해가 뉘엿뉘엿 넘어갈 때까지 남의 집 마루에 걸터앉아 책을 읽다가, "소영아~ 소영아~" 하고 부르는 엄마 목소리에 후다닥 집으로 달려가곤 했지요.

책이 귀하던 시절, 책은 매일 다른 나라, 다른 세계로 순식간에 이동시켜 주는 놀이였습니다. 읽는 시간 자체가 여행이었고, 책장은 제 비밀 놀이터였습니다.

40여 년이 흐른 지금은 '책 읽는 사람이 귀한 시대'가 되었습니다. '성인 60퍼센트 이상이 독서를 하지 않는다.' '독서율 역대 최저' 같은 헤드라인이 종종 보이죠. 어른들의 책 읽기는 줄어들지만, 아이들 쪽은 분위기가 다릅니다. 어린이 대상 독서 사교육이 빠르게 성장했고, 읽기·토론하기·쓰기 교육 프로그램이 연령대별로 촘촘히 깔렸습니다. '공부의 기초체력은 문해력'이라는 인식이 퍼지면서 관심도 커졌고요.

그런데 여기서 엄마들이 자주 착각합니다. 독서학원은 학원이 아니다, 독서학원은 다른 학원과 다르다, 하는 착각이지요. 정해진 포맷과 커리큘럼으로 돌아가는 획일적 독서수업, 과연 아이 관점에서 재미있을까요? 인지 수준과 상관없이 너무 많은 책을 읽히거나 너무 어려운 책을 강요하면 아이는 당연히 책을 멀리합니다. 독서 사교육의 효과를 제대로 보려면 먼저 아이들이 책과 노는 법을 배워야 합니다. 책 읽기가 어렵지 않다는 감각, 읽는 즐거움을 몸으로 겪게 해야 합니다.

막내는 관심사가 생기면 우직하게 파고드는 성향이었습니다. 블록을 쌓아도 밤새 완성하던 아이였지요. 그 에너지를 책으로 옮기고 싶었습니다. 그래서 시작한 것이 '100권 책 읽기' 퀘스트. 100권을 다 읽으면 건담 프라모델을 막내에게 선물하기로 약속했습니다. 우리의 책 읽기는 놀이로 출발했습니다. 놀이가 시작되자 막내는 바로 책을 집어 들었고, 거실 구석에서 한참 읽다 그대로 잠든 날도 많았습니다. "엄마, 7권 읽었어요. 앞으로 93권 남았어요~" 하며 중간 보고도 했습니다. 숫자 100이 까마득했을 텐데도 막내는 포기하지 않았습니다. 우리에겐 게임이었으니까요.

막내는 매일 잠들기 전 다음 날 읽을 책을 쌓아두었습니다. 가끔 들춰보면 5분 만에 읽을 수 있는 아주 얇은 그림책도 수두룩 섞여 있었지요. 글밥이 적거나 그림뿐인 책도 기꺼이 인정했습니다. 그렇게 100권 퀘스트를 생각보다 쉽게 달성했습니다. 100권 책 읽기 놀이 이후 약속대로 건담 프라모델을 선물 받은 셋째는, 건담을 들고 방방 뛰며 "엄마, 『내일은 실험왕』도 읽고 싶어요!"라며 스스로 다음 읽기를 이어 갔습니다.

책 읽기 놀이의 원칙

이후로도 막내의 책 읽기는 계속되었습니다. 시험이 끝나면 늘 서점에 들러 읽고 싶은 책을 직접 고르고 틈틈이 독서를 이어 갔습니다. 영재고 시절에는 영어로 된 물리학 원서까지 읽을 정도로 확장되었지요. 영어 실력이 월등해서가 아니라, 좋아해서 읽은 것입니다. 책을 좋아하기 시작하니 꾸준함이 자연스럽게 붙었습니다.

우리 집 책 읽기 놀이의 선정 원칙은 단순했습니다. 무조건 아이가 좋아하는 책부터 시작하기. 삼 남매 중 독서를 가장 좋아한 둘째도 학습만화에서 출발했습니다. 역사·수학·과학·한자 등 다양한 학습만화로 시작해 세계문학까지 넓혀 갔지요. '학습만화만 탐독하면 어쩌나!' '글밥 많은 책을 안 읽는 건 아닐까?' 하는 걱정이 있더라도, 둘째는 학습만화로 쌓은 배경지식을 바탕으로 다음 책을 스스로 선택했습니다. 호기심이 다음 단계의 목록으로 자연히 이어졌습니다.

  삼 남매가 집에서 놀이처럼 읽었던 책은, 특별하거나 어려운 책이 단 한 권도 없었습니다. 핵심은 분명합니다. '책과 놀기'는 아이가 좋아하는 책에서 시작해야 합니다.

모든 위대한 독서의 시작은 '놀이'였습니다.

─────── 22장 ───────

내 아이가 책을 읽지 않는다면

딸을 바꾼 건 책이 아니라, 엄마의 시선

대한민국 사법사상 최초의 여성 대법관이자, '김영란법' 제정으로 알려진 김영란 전 대법관. 그는 평생 유일하게 계속한 일이 책 읽기라고 할 정도로 유명한 독서가입니다. 동료 판사들이 "판사인데 왜 소설을 읽느냐?"라고 묻자 이렇게 답했지요.

"마사 누스바움이 말하길 판사가 재판하는 건 독자가 소설을 읽는 것과 비슷하다고 했습니다. 재판 당사자들의 심정을 헤아리는 작업이 소설에서 펼쳐지는 상황을 이해하는 것과 그리 다르지 않기 때문이죠."○

○ 전채은, 〈김영란 前대법관 "평생 유일하게 계속한 일은 책읽기……밑줄 칠 연필 없으면 숨 막혀"〉 《동아일보》, 2021.10.31.

이 말에 전적으로 동의합니다. 책 읽기는 사람과 관계를 이해하고, 사회와 현상을 배우는 가장 쉬운 통로입니다. 조금 더 직설적으로 말하면, 읽은 책은 어디엔가 반드시 쓰임이 있다는 것이죠.

중학생 딸 때문에 마음고생하던 지인이 있었습니다. 딸아이가 말도 없이 학교를 빠져 실종 소동을 일으키기도 했고, 귀에 피어싱을 잔뜩 하고 머리를 노랗게 염색해 들어오기도 했답니다. 부모의 심장을 철렁하게 만드는 일이 중학교 내내 이어졌습니다. 그러던 아이가 어느 날 바리스타 학원에 다닌다는 소식이 들렸고, 지인의 목소리엔 한숨이 묻어 있었습니다.

"바리스타가 되고 싶어서가 아니라 돈을 벌고 싶다네요. 카페 아르바이트로 중학생을 누가 쓰겠어요? 그래서 학원에 다니면 혹시라도 알바를 시켜줄까 해서…… 누가 지 보고 돈 벌어 오라 했나요."

딸의 변화를 또 다른 말썽으로 여기는 듯한 말투였습니다. 그동안 애가 탄 마음을 모르지 않기에, 저는 말을 아끼고 책 한 권을 건넸습니다. 성장하려면 마음가짐부터 바꾸자는 메시지의 자기계발서였습니다. 지인이 그 책에서 단 하나만은 기억하길 바랐습니다. 부모의 믿음이 아이의 성장 마인드셋을 만든다는 사실을요.

그 후 만날 때마다 "책 읽었어?" 하고 물었습니다. "너무 바빠서 펼쳐보지도 못했어."라는 답이 돌아오면 "3장까지만이라도 읽어봐." 하고 다시 권했습니다. 또 다음에 만나도 못 읽었다 하면, 한 번 더 짧게라도 읽어 달라고 한 번 더 부탁했습니다. 그러던 어느 날, 지인에게서 메시지가 왔습니다.

"변호사님, 책 읽었어요. 딸을 부정과 한계로 가둔 건 아닌지 반성했어요. 칭찬할 게 더 많은 아인데……. 그 아이, 요즘 소원대로 알바하고 있어요. 우리 집에 사업가가 탄생하려나 봐요!"

그때 저는 다시 확신했습니다. 책 한 권으로 엄마의 시선이 바뀌었습니다. 책이 생각의 틀을 조금 바꾸어 주자, 아이를 바라보는 엄마의 눈도 달라진 거죠. 그런 변화가, 아이의 다음 걸음을 열었습니다.

착한 늑대에게 먹이 주는 법, 독서습관 만들기

저는 어떤 일이든 방향과 결과를 결정짓는 핵심은 습관이라고 믿습니다. 인디언 우화에 이런 이야기가 있지요. 나이 든 할아버지가 손자에게 말합니다. "우리 마음속에는 두 마리의 늑대가 끊임없이 싸우고 있단다. 하나는 두려움·분노·시기심·욕심·교만을 상징하는 악한 늑대, 다른 하나는 기쁨·겸손·자신감·자애·친절을 나타내는 선한 늑대다." 손자가 묻습니다. "둘 중 누가 이겨요?" 할아버지의 답. "네가 먹이를 주는 늑대."

습관은 재능을 빛나게도, 장점을 무디게도 만듭니다. 그래서 독서 습관은 초등학교 입학 전후에 다지는 것이 특히 중요하다고 봤습니다. 이때 형성된 습관은 성인이 되어서도 지속될 가능성이 크니까요. 저는 그래서 '엄마표 독서실험실'을 열었습니다.

첫째, 목표는 구체적이고 작게. '매일 책 읽기'처럼 포괄적 문구보다 '잠들기 전 30분 동화책 읽기'처럼 행동 단위를 정합니다. 실현할 수 있을수록 좋습니다. 우리는 '숙제 끝내고 20분 읽기'로 시작했습니다.

둘째, 습관을 붙이는 보상 설계. 보상이 동기와 연결되는 이유는 뇌의 도파민 분비와 연관이 있습니다. 저는 포도 그림의 '참 잘했어요' 스티커 판을 썼습니다. 읽기 시간을 지킨 날엔 스티커 하나. 포도알을 다 채우면 '소원 들어주기 쿠폰'. 첫째는 곧장 미션에 올라탔고, 매일 스티커를 붙이며 다음 날 읽을 책을 골랐습니다.

셋째, 유연한 태도. 지키지 못한 날도 당연히 있습니다. 그럴수록 부모가 먼저 유연해야 합니다. 습관 형성 과정엔 실패의 날이 섞여 있습니다. 몇 번의 실패가 전체 목표를 무너뜨리는 건 아닙니다.

넘어지면, 다시 오늘부터 한 칸.

결국 요점은 하나입니다. 선한 늑대에게 매일 작은 먹이를 주는 일. 아이의 작은 노력, 부모에겐 기다림과 격려. 그 반복이 습관을 만들고, 습관이 아이의 길을 만듭니다.

좋은 습관이라는 선한 늑대는,
부모의 믿음과 격려를 먹고 자랍니다.

23장
책과 추억을 쌓은 아이는 더 멀리 간다

책도 함께 읽어야 재밌다

습관 만들기와 함께 제가 특히 신경 쓴 부분이 '함께 읽기'입니다. 책도 같이 읽을 때 더 재미있습니다. 한 후배는 독서 모임에 참여해 500쪽이 넘는 역사책을 끝까지 읽었다고 했습니다. 함께 읽으면 독서의 즐거움을 경험할 확률이 훨씬 높아집니다.

함께 읽기 첫 번째 파트너는 가족입니다. 가족이 함께 책을 읽는 정해진 시간을 만들어야 합니다. 우리 집 거실에는 지금도 책꽂이가 있고, 아이들과 함께 읽을 수 있는 책을 손이 닿는 곳에 두고 있습니다. 아이가 좋아하는 동화책·학습만화를 함께 읽어보세요. "너도 봤어? 엄마도 봤는데……" 한마디면 대화가 열리고, 아이는 그 대화 속에서 책 읽기의 즐거움을 더 깊이 느낍니다.

초등학교 고학년이 되면 친구와 함께하는 독서 활동이 좋습니다. 첫째와 둘째는 초등학생 시절 내내 책 모임·글쓰기 활동·독서학원 등 다양한 형태를 적극적으로 활용했습니다. 한번은 칸나희망서포터즈 사무실에 꼬마 기부자들이 찾아왔습니다. 사무실 아래층 독서학원에서 함께 책을 읽는 아이들이었어요. 아이들은 책을 읽은 뒤 책과 관련된 물건을 직접 만들어 플리마켓에서 판매했고, 그 수익금을 칸나희망서포터즈에 다시 기부했습니다. 저는 그 소중한 기부금을 받으며, '이것이야말로 완벽한 '함께 읽기'의 모델이구나!' 하고 생각했습니다.

책은 아이 인생의 나침반

삼 남매에게 저는 책 읽기와 글쓰기의 중요성을 늘 강조했습니다. 특히 막내에게는 글 쓰는 과학자 최재천 교수 이야기를 자주 들려주었죠. 유학 시절, 영어로 쓴 논문을 보고 담당 교수가 왜 논문을 시적으로 쓰느냐 지적하자, 교수님은 과학적 글쓰기와 문학적 글쓰기가 서술 접근 방식 자체가 다르다는 걸 뼈저리게 깨달았다고 합니다. 어린 시절부터 익숙했던 문학적 문장 습관을 걷어내고 과학자의 글쓰기에 몸을 맞추는 연습을 했고, 귀국 후에는 반대로 대중 언어로 풀어쓰는 훈련을 거듭했다고요.

최재천 교수 글쓰기의 결론은 하나였습니다. '많이 읽는 사람이 글을 잘 쓴다.' 과학적 글쓰기든 문학적 글쓰기든 읽기가 바탕이라는 사실입니다. 그래서 저는 막내에게, 과학자가 되려면 읽고 쓰는 힘이 꼭 필요하다고 거듭 말했습니다. 막내는 시험만 끝나면 늘 서점으로 달려가 관심 분야의 책을 골라 왔고, 그 책을 펼친 얼굴엔 뿌듯함과 행복이 환하게 비쳤습니다.

막내는 고3 때 일반전형으로 서울대에 합격하고도 친구들과 함께 논문을 써 과학대회에서 상을 받았습니다. 어른들이 시켜서 한 일도, 입시에 반영되는 실적도 아니었습니다. 호기심과 좋아하는 마음으로, 책을 읽고 글을 써서 만든 성과였죠. 저는 1등급·1등 시험 성적표보다, 스스로 선택하고 쌓아 올린 경험이 아이에게 더 오래 남는다고 믿습니다. 그런 경험이 다음 도전으로 자연스럽게 이어집니다. 만약 막내가 책 읽기를 게을리하고 글쓰기를 두려워했다면, 호기심이 넘쳐도 논문이라는 결과물로 이어지기 쉽지 않았을 겁니다.

'책 읽기'가 중요한 이유는 그것 말고도 차고 넘칩니다. OECD에서 주관하는 국제학업성취도평가PISA 결과에서도 '즐거움을 위한 독서'를 하는 학생들의 성적이 그렇지 않은 학생들보다 월등히 높다는 사실이 꾸준히 증명되고 있습니다. 이는 국어 과목에만 한정되지 않습니다. 독서를 통해 길러진 문해력과 사고력은 수학, 과학

등 모든 과목의 성취도를 끌어올리는 가장 강력한 기초 체력이 되기 때문입니다. 공부를 잘하려면 단순히 외우는 게 아니라, 문제가 무엇을 묻는지 읽고 파악해야 하니까요.

책 읽기는 취미에 머물지 않습니다. 학습 능력을 키우는 훈련이고, 모든 과목의 근본 이해력과 문제해결력에 직결됩니다. 그리고 그보다 더 중요하게, 책은 질문을 낳고, 질문은 인생의 방향을 바꿉니다. 그래서 책은 아이에게 나침반입니다. 부모가 아이에게 줄 수 있는 최고의 선물, 아이 인생의 나침반이 되어 줄 책 읽기 경험을 함께 쌓아 주는 일입니다.

가장 큰 수확은 책으로 쌓은 교감

온 가족이 누워 책을 베개 삼아 읽다가 졸기도 하고, 깔깔 웃기도 하며 책과 함께하는 시간을 쌓아 갔습니다. 첫째는 지금도 어린 시절의 자기에게는 조금 어려웠던 책을 읽어서 선생님께 칭찬받았던 순간을 떠올립니다. 사실 중요한 건 칭찬이 아니라 읽어냈다는 뿌듯함이었을 겁니다. 그 감정이 15년이 훌쩍 지난 지금까지 남아 있다는 사실이 놀랍고도 감사했습니다.

책 읽기는 이후 아이들의 학습에도 큰 도움이 되었습니다. 하지만 그보다 더 큰 수확은, 책을 통해 쌓인 첫째와의 교감이었습니다. 거실에서 나란히 책을 읽고, 독서 골든벨을 함께 준비하면서 동지애 같은 감정이 생겼지요. 그 경험은 사춘기에도 힘이 되어 주었습니다. 어떤 다툼이 있어도 다음 날 화해할 수 있는 끈, 그 정서적 기반을 책이 만들어 주었으니까요. 이것이 바로 책 읽기가 주는 힘이 아닐까요.

책과 추억을 쌓은 아이는 더 멀리 갑니다.

PART 7

공부 잘하는 원칙은 변하지 않는다

아이의 성실함은 부모가 길러 줄 수도, 부모가 무기력으로 바꿀 수도 있습니다.
당신의 선택은 무엇일까요?

24장

공부의 기초 대사량, 잠과 운동

뇌를 재충전하는 잠의 과학

사당오락四當五落. 하루 네 시간 자면 붙고, 다섯 시간 자면 떨어진다는 말이었습니다. 제가 중·고등학교에 다니던 시절엔 입시의 불문율처럼 여겨졌지요. 그땐 지금처럼 효율적 공부법도, 선택지가 다양한 학원 생태계도 없었습니다. 결국 방법은 하나, 시간을 더 쓰는 공부뿐이었죠. 하지만 지금은 다릅니다. 적은 시간에 최적의 방법을 찾는 시대. 잠을 줄인다고 성적이 오르지 않습니다. 피곤만 쌓일 뿐이죠. 많은 학생이 '시간을 아끼겠다.'며 잠을 줄이거나 밤을 새우지만, 수면을 극도로 줄이는 방식은 단기엔 시간만 늘어난 듯 보이고, 장기엔 학습 효율을 떨어뜨립니다.

잠 줄이기 논리를 우리 집에 대입하면, 삼 남매는 절대 공부를 잘

할 수 없는 아이들이었습니다. 하나같이 잠이 많았거든요. 이웃들도 종종 말했습니다. "그 집 애들은 어떻게 그래요? 집에 가보면 자거나 공부하거나 둘 중 하나예요." 다행히 공부하는 모습도 보였나 봅니다. 삼 남매는 틈만 나면 잤고, 또 잤습니다. 막내는 신생아처럼 잔다는 말이 나올 정도였고, 때로는 겨울잠 자는 반달곰처럼 잠에 푹 빠져들었지요.

의미 없는 시간은 없습니다. 저는 잠자는 시간이 아이들에게 학습적으로도 도움이 됐다고 믿습니다. 실제로 각종 시험에서 상위권을 차지한 학생 중에는 충분히 자고 규칙적으로 공부했다고 말하는 경우가 많습니다.

저는 규칙적인 수면 습관과 충분한 수면시간을 무엇보다 중요하게 여겼습니다. 수면시간을 확보하려고 멀리 떨어진 사립학교 대신 가까운 공립학교를 선택하기도 했고, 고등학교 땐 아예 학교와 더 가까운 곳으로 이사해 도보 5분 내 이동이 가능하게 했습니다. 낮에 "잠깐 낮잠 잘게요"라는 요청이 오면 기꺼이 재우고, 못 일어나도 시험 기간이 아니면 더 자게 했습니다. 아이들 방에는 암막 커튼을 치고, 침대·베개는 각자 성향에 맞춰 수면의 질을 높이려 애썼습니다.

돌이켜 가장 행복했던 시간을 꼽으라면, 퇴근 후 아이들과 뒹굴던

밤, 잠들기 전 대화하고 책을 읽던 시간입니다. 무더운 여름, 거실에 이불과 모기장을 치고 다섯 식구가 함께 자고 일어난 날들, 잠들기 전 아이를 꼭 안아 주던 순간, "내일 일찍 깨워줘" 하던 시험 전날의 속삭임……. '잠이 보약'이라는 말처럼, 우리 가족에게도 보약 같은 잠이었습니다.

잠은 사치가 아닌 전략!

낮 동안 애써 머릿속에 넣은 지식도 잠을 자야 비로소 오래 가는 기억으로 정리됩니다. 중요한 기억은 잊지 않게 장기 기억 서랍에 꼭 붙들고, 불필요한 기억은 지워서 머릿속을 정리하는 과정이 우리가 자는 동안 이뤄진다고 해요. 그런데 이 섬세하고도 결정적인 과정을 건너뛴다면, 어떻게 될까요?

당연히 기억력은 저하되고 애써 외운 내용도 왜곡되기 십상이겠지요. 수면 부족으로 지친 뇌는 집중력과 주의력이 떨어지고, 스트레스 호르몬 수치까지 높아져 감정조절도 어렵게 됩니다. 새로운 아이디어를 떠올리는 힘도, 문제 해결력도 떨어집니다.

복잡하게 들리시나요? 사실 이건 거창한 이야기가 아닙니다. 잠을 설친 다음 날, 우리 아이들이 겪는 너무나 익숙한 경험을 과학적으로 풀어낸 것뿐이니까요. 어젯밤 늦게까지 붙들고 있던 내용이 아침이면 머릿속에서 감쪽같이 사라지는 경험, 다들 있지 않으신가요? 분명히 책상에 앉아 있는데 글자는 눈에 안 들어오고 꾸벅꾸벅 졸기만 했던 순간들도요. 별일 아닌데도 괜히 마음이 날카로워지고 가족에게 짜증을 내게 되는 것 역시, 잠이 부족해 이성적인 판단과 감정 조절이 힘들어졌다는 우리 몸의 솔직한 신호입니다. 결국 이 모든 설명은, 잠의 중요성을 외면했을 때 우리 몸이 보내는 경고를 다시 한번 확인시켜 주는 것에 불과합니다.

우리 아이들이 잠을 줄여가며 책상에 앉아 있는 시간이 길어질수록, 오히려 낮의 노력이 물거품이 되는 역설이 만들어집니다. 잠들어야 할 시간에 억지로 머리에 지식을 구겨 넣는 것은, 잘 정리된 서랍 속을 마구 뒤섞어버리는 것과 같습니다. 그렇게 뒤죽박죽 엉망이 된 머릿속에서 어떻게 명쾌한 해답을 찾을 수 는 없습니다.

매일 7~9시간의 충분한 수면, 주말까지 일정한 취침과 기상 시간, 어둡고 조용한 수면 환경, 잠자리에서의 스마트폰 멀리하기 등은 단순히 피로를 푸는 습관이 아닙니다. 뇌를 재충전하고, 내일의 배움이 온전히 자리 잡게 하는 가장 근본적인 공부의 인프라입니다. 잠은 사치가 아닌 필수 '전략'입니다.

뇌를 깨우는 운동의 힘

충분한 잠이 뇌의 효율을 높이는 밤의 과학이라면, 운동은 뇌를 깨우는 낮의 과학입니다. 저는 쉰을 넘겨 달리기를 시작했습니다. 당장 42.195km를 완주하겠다는 것도 아닌데, 주변에선 걱정이 쏟아졌지요. 그저 걷고 뛰는 게 좋아서 시작한 일이었습니다.

제가 가장 조심스럽게 달리기를 권한 건 막내아들이었습니다. 그때 막내는 고3, 상전도 이런 상전이 없었죠. 조심스레 말했습니다. "엄마가 아침에 달려보니 하루가 에너지가 넘치더라. 달리다 보면 떠오르는 생각들에 집중력도 생기고, 살도 조금 빠지고……." 세상에나, 막내는 선뜻 받아들였습니다. 혹시 마음이 바뀔까 싶어 운동화를 바로 선물했지요. "이 운동화 신고 네가 가고 싶은 캠퍼스를 뛴다고 생각해." 기숙사에 있던 아들은 체력단련실에서 러닝머신 기록을 보내왔고, 반응은 담백했습니다. "뛰고 나면 오전에 기분이 좋아져요."

하버드대학교 정신의학과 존 레이티 교수가 소개해 유명해진, '0교시 운동' 사례도 참고할 만합니다. 일리노이주 네이퍼빌 센트럴 고등학교는 0교시에 학생들에게 1.6km를 뛰게 하고 1, 2교시에 가장 어려운 과목을 배치했습니다. 그랬더니 한 학기 뒤, 0교시 운동에 참여한 학생들의 읽기·문장이해 능력이 평균 17퍼센트나 향상되었다고 합니다. 이는 0교시 운동에 참여하지 않은 학생들보다 약 2배 높은 성과였습니다. 존 레이티 교수는 운동이 학업능력을 크게 끌어올린다고 말합니다.

하지만 이런 연구결과까지 살펴 보기도 전에, 이 당연한 명제는 아이가 중학생만 되어도 흔들립니다. '운동은 대학 가서 하면 되지.'라는 말 아래, 더 중요한 건 공부라며 운동이 밀려나곤 하니까요.

저는 체력이 약한 첫째에게 특히 운동을 권했습니다. 운동은 단순히 몸만 움직이는 일이 아닙니다. 코어에 힘을 주고, '5분만 더, 다섯 개만 더.' 하며 자기 한계를 시험합니다. 그 과정에서 내면 근력도 단단해집니다. 공부를 잘하려면 체력이 기본이라는 이야기를 자주 하는 이유가 여기에 있습니다. "그럴 시간이 없다"는 반응이 돌아오곤 하지만, 운동으로 비축한 체력은 오래 앉아 있을 수 있는 힘이 되어, 결국 공부의 기초대사량을 올려 줍니다.

합법적 땡땡이 쿠폰

'월수금 수학, 화목 영어, 토요일 국어.' 이른바 대치동 키즈의 정석 스케줄이라지요. 직장인에 빗대면 매일 출근에 야근, 주말 특근까지 하는 셈입니다. 그럼에도 어른들은 말하곤 합니다. "부모 그늘에 있을 때가 제일 좋아." "공부가 제일 쉽더라." 아이도 어른도, 결국 자기 자리가 가장 힘든 법입니다.

삼 남매에게도 학원이 하나둘 늘어나는 시기가 왔습니다. 어느 날, 둘째가 땀에 젖은 머리칼과 붉게 상기된 두 볼로 학원을 마치고 들어왔습니다. 영락없이 한바탕 뛰고 온 얼굴이었죠. "집 앞에서 친구 만나서 놀이터 지옥 탈출하고 왔어." 그 말이 유독 귀에 박혔습니다. '평범한 일상이 아이들에겐 지옥일까?'

그날 이후 우리 집에는 특별한 쿠폰이 생겼습니다. 이름하여 '학원 빠지는 날' 쿠폰. 한 달에 한 번, 과목마다 한 번씩, 학원 가기 싫은 날 쿠폰을 쓰면 그날은 가지 않아도 됩니다. 쿠폰을 공표하자 삼 남매 모두 환호했습니다. 친구 생일, 놀이터 약속 같은 기분 좋은 이유로 쿠폰을 쓰는 일이 많았고, 스스로 선택한 학원 빠지는 날은, 아이들의 숨통을 트이게 하는 오아시스가 되었습니다.

물론 학원을 성실히 다니는 것이 기본입니다. 다만 지나치게 엄격한 규칙 안에서는 아주 작은 주저함만으로도 '될 대로 돼라' 하며 규칙 자체를 던져 버리는 심리가 생깁니다. 그래서 '학원 빠지는 날' 쿠폰은 곧 여유였습니다. 앞으로 걸어갈 중·고등 레이스에서 지치지 않도록 남겨 둔 회복의 시간이었지요. 누구든 지쳐 있을 땐 그 어떤 '의지'도 힘을 쓰지 못합니다. 그래서 가끔은 쉬는 하루가 필요합니다.

땡땡이 쿠폰 이야기를 들은 분들이 종종 묻습니다. "우리 애는 매일 학원 가기 싫다는데요?" 아이가 정말 매일 싫다면, 먼저 왜 싫은지를 묻고 들어야 합니다. "학원 가기 싫어!"라는 말에서 '학원'에 방점을 찍지 말고, '싫어'의 이유를 찾아야 합니다. 최고의 공부 전략은 더하는 것에서만 나오지 않습니다. 때로는 기꺼이 빼주는 것에서 시작합니다.

성적이라는 탑을 높이 쌓고 싶다면,
잠과 운동이라는 땅부터 단단히 다져야 합니다.

25장
밤새 레고를 만들던 아이

꼴찌로 시작한 물리 올림피아드 국가대표

막내의 성실함은 훗날 누구도 예상하지 못했던 몰입으로 이어졌습니다. 영재고에 진학한 뒤 저는 '무사히 졸업하기만 하자'가 바람이었지, 굳이 진학 전략을 더 보태고 싶진 않았습니다. 그런데 아이가 자꾸 물리 올림피아드를 준비하고 싶다더군요. 대학 진학에 특별히 유리한 카드도 아니고, 건강도 썩 좋지 않아 저는 소극적으로 넘기려 했습니다.

그러던 어느 날, 아이가 진지하게 부탁했습니다. "준비할 수 있는 학원을 알아봤는데 등록하게 학원비 좀 도와주세요." 이쯤 되니 피할 수 없겠다, 싶어 학원에 전화를 걸었습니다. 담당자는 "이미 고2고, 준비가 전혀 안 돼 아래 학년과 수업을 들어야 한다. 차라리 포기하는 게 낫다."라는 뉘앙스로 말했습니다. 사실 저도 비슷한 생각이었지만, 그 말에 승부욕이 치솟았습니다. 선행 학습을 안 했다며 아이들을 가볍게 보던 냉소를 수도 없이 겪어 왔는데, 또다시 같은 방식으로 무릎 꿇리려 드는구나 싶었습니다.

그래서 말했습니다. "아이가 하고 싶다잖아요. 포기할지 말지는 아이가 결정할 문제 아닐까요? 일단 테스트해 주세요. 반을 정해 주시면 그다음은 우리가 하겠습니다." 그제야 시간이 잡혔고, 제 마음을 상하게 한 것에 대한 사과 따위는 당연히 없었습니다.

그렇게 시작된 올림피아드 준비였기에, 저는 결과에 무심한 척할 수밖에 없었습니다. 아이도 "학원 갈 시간은 없다."라며 자료만 받아 달라고 몇 번 부탁했거든요. '역시 포기했겠지' 싶던 차에, 어느 날 아이가 말했습니다.

"국가대표 됐어요."

"엉? 국가대표? 너 그거 계속하고 있었어?"

기쁨보다 불안이 먼저 밀려왔습니다. 곧 고3, 내신을 챙겨야 하는데 오히려 독이 든 잔이 아닐까, 걱정이 태산이었습니다. 선발 명단은 8명, 아이 이름은 맨 마지막. 첫 준비 수업을 다녀온 아이는 "다른 친구들은 이론이 훨씬 앞서 있다."라며 걱정을 쏟아냈고, 제 목구멍까지 이런 말이 차올랐습니다.

'여기서 그만할까? 국가대표가 된 것만으로도 엄마는 충분해.'

그 말은 끝내 삼켰습니다. 아이의 몰입을, 이번만큼은 제가 먼저 의심하지 않기로 했으니까요.

엄마, 침대 옆에 종이를 붙여 주세요

석 달 동안 아이는 잠도 제대로 자지 못한 채 준비에 매달렸습니다. 수업을 다녀올 때마다 스트레스가 조금씩 더해지는 듯했지요. 그럼에도 지치지 않는 모습을 보고 있자니, 그 힘은 어디서 왔을까, 부모로서 궁금해질 만큼 아이는 점점 '신기한 아이'가 되어 갔습니다.

"엄마, 침대 옆에 종이를 좀 붙여 주세요. 자다가 문제가 풀리면 바로 적어 놓게요."

이런 에피소드가 떠오르면, 밤새 레고를 쌓던 어릴 적 모습도 함께 겹칩니다. 막내가 떼를 쓴 유일한 기억은 새 레고와 건담을 사 달라 조르던 일이었어요. 기다리던 레고를 사 오는 날이면, 뜬눈으로 밤을 새워서라도 완성하고야 말았습니다.

조용히 책상 앞에 앉아 블록을 조립하던 아이는 어느새 작은 집을 넘어 성을 만들고, 구조물을 이어 다리까지 놓기 시작했습니다. "그만 자야지. 내일 학교 가려면 일찍 자야 해. 내일 해도 되잖아."

말은 그렇게 했지만, 저는 그 몰입을 깨기가 아까웠고, 아이도 제 말을 들을 리 없었습니다.

그때 이미 싹이 튼 걸까요. 작은 손은 쉬지 않고 움직였습니다. 찾고, 끼우고, 떼고, 다시 조립하는 반복. '이건 여기에 붙일 수 있을까?' '이 각도는 무너지지 않을까?'를 스스로 판단하는 사이, 아이는 문제해결 능력을 키우고 있었습니다. 수십 개의 부품을 하나하나 찾고, 순서에 맞춰 조립하고, 부품 조각을 정밀하게 맞추는 과정은 설명서를 해석하는 문해력, 인내심, 눈과 손 협응을 동시에 요구합니다.

아마 심리학자 미하이 칙센트미하이가 말한 몰입flow의 순간이 바로 이때였을 겁니다. 시간 가는 줄 모르고, 오직 눈앞의 과제에만 온전히 집중하며 최고의 즐거움을 느끼는 상태 말이죠. 막내는 레고를 통해, 누가 가르쳐주지 않아도 스스로 몰입하는 법을 터득하고 있었던 겁니다.

정말 몰입의 경험 때문이었는지, 아이는 오래 붙들고 있어도 힘들어하지 않았고, 궁금한 건 스스로 찾아 정리했습니다. 누가 시켜서가 아니라, 알고 싶어서, 이해하고 싶어서 스스로 움직였지요. 어릴 적 놀이에서 맛본 몰입의 즐거움이 학습으로 자연스럽게 이어진 것입니다.

부모인 제가 해 준 일은 단순했습니다. 그 시간을 방해하지 않고, 아이의 몰입을 지켜봐 준 것. 그리고 "그만하지?"보다 "지금 뭐 만들고 있어?" 하고 물어봐 준 것. 무엇보다 아이가 좋아하는 일을 실컷 할 수 있도록 시간을 허락한 것뿐이었습니다.

아이는 자신의 흥미를 따라 몰입하는 법, 좌절을 받아들이는 법, 끝까지 해 보는 힘을 배웠습니다. 공부는 그저 그 결과일 뿐이었습니다. 결국 막내는 아시아 대회 금메달을 목에 걸었고, 원하는 대학에도 진학했습니다. MIT에 입학한 이후에도 여전히 서점에 들러 자연과학책을 사서 스스로 공부하고 있습니다.

진짜 공부는 합격의 순간에 끝나는 것이 아니라, 즐거움의 순간에 비로소 시작됩니다.

IQ보다 중요한 성실함이라는 재능

막내가 태어나고 변호사 일이 늘어나기 시작했습니다. 막내가 초등학교에 갈 무렵엔 더 나은 환경의 사무실로 옮겼고, 소속 변호사도 더 늘어났습니다. 그러다 막내가 중학생이 될 즈음엔 제가 방송 4개에 동시 출연하고 있었습니다. 언뜻 들으면 "막내가 복덩이라 손대는 일마다 잘 되네." 할 수 있겠지만, 일이 커지고 제가 알려질수록 우선순위에서 밀리는 막내를 떠올리면 미안함이 커졌습니다. 그래서였을까요. 막내에게 큰 기대를 하지 않았습니다. 퇴근해 문을 열면 쪼르르 달려와 안아 주는 것, 그게 다였고, 막내는 그 역할을 잘 해줬습니다. 막내는 대한민국 아들의 표본 같았습니다. 조용하면 방에서 블록 조립, 소파에선 학습만화, 친구들과는 운동으로 에너지를 발산하는, 평범한 집 막내아들. 하나 특별했다면 성실함이었습니다.

어느 날, 막내가 유난히 학원 숙제를 오래 붙들고 있었습니다. 숙제를 끝내고 좋아하는 블록을 만질 시간인데도 끙끙. 모르는 문제가 있나 싶어 엉덩이를 톡톡 두드리며 "모르는 건 선생님께 물어봐." 했더니, 골똘한 눈빛이 보였습니다. 알고 보니, 학원에서 내준 문제 자체에 오류가 있었는데 그걸 혼자서 붙잡고 있던 거였죠. 그냥 넘어가도 될 일을 '원래 숫자는 뭘까?' 하며 끝까지 따져 잘못된 문제까지 모두 풀고 숙제장을 덮었습니다.

언어를 배울 때도, 운동을 할 때도, 기술을 익힐 때도 재능만으론 안 됩니다. 재능이 빛을 보려면 성실함이 뒷받침 돼야죠. 저는 배움을 받아들이는 태도의 핵심이 성실함이라고 믿습니다. 심리학자 앤절라 더크워스가 말한 그릿Grit이 바로 이것입니다. 재능보다 중요한 것은 장기적인 목표를 향해 나아가는 열정과 끈기라는 것이죠. 막내가 보여준 성실함은 타고난 재능이 아니라, 스스로의 호기심을 끝까지 밀어붙이는 과정에서 길러진 그릇이었습니다.

사회 초년생을 떠올려 볼까요? 회사에서 인정도 받고 싶고, 쥐꼬리만 한 월급이라도 모아 보고 싶습니다. 하지만 그는 초보입니다. 혼자 훨훨 성과 내기 어렵고, 쥐꼬리 월급은 모아도 쥐꼬리지요. 그래도 매일 지옥철을 타고 출근합니다. 내년, 내후년엔 선배·주임이 될 수 있다는 희망이 있으니까요. 그때 "남들만큼 하면 맨날 그 자리야, 더 해야지."라며 노력을 깎아내리면 어떨까요. 노력은 무의미가 되고, 성실함은 무기력으로 바뀝니다. 숙제를 시작한 아이에게 "여태 놀다가 지금 시작했냐!", 숙제를 다 마치지 못한 아이에게 "제대로 하는 게 하나도 없다."라는 말, 이런 채찍은 성실함의 싹을 꺾습니다.

"당장 공부해!" 같은 통제 대신 "어려운 점은 없었어?" 같은 공감 질문으로 다가가야 합니다. 아이의 성실함은 부모가 길러 줄 수도, 부모가 무기력으로 바꿀 수도 있습니다. 당신의 선택은 무엇일까요?

가장 위대한 재능은 타고난 머리가 아니라,
기꺼이 몰입하고 끝까지 해내는 태도입니다.

26장

3개월의 몰입이 가져온 수학 역전

메타인지는 보이지 않는 힘

수학에서만큼은 지극히 평범했던 첫째와 둘째. 셋째처럼 문제 풀기를 즐기지도 않았고, 초등학교 입학 전부터 시작한다는 선행 학습도 둘 다 많이 하지는 않았습니다. 그렇다고 수학 점수를 포기해야 했을까요? 아닙니다. 두 아이에게도 각자의 빛이 있었습니다. 스스로 부족한 지점을 잘 파악하고, 끈기 있게 메우는 근력이 있었지요. 첫째는 고등학교 내내 수학으로 고비를 여러 번 만났지만 내려가면 다시 끌어올리는 힘이 있었고, 둘째도 눈물 나는 날이 많았음에도 다시 반등했습니다.

제가 보기에 그 힘의 원천은 메타인지였습니다. 내가 아는 것과 모르는 것을 구분하는 능력을 첫째와 둘째는 갖고 있었습니다. 한번 떠올려 보세요.

"이해 못 했어요."라고 솔직히 말하는 학생과 "이해했어요."라고 말하지만 응용문제를 못 푸는 학생. 누가 더 성장가능성이 클까요.

답은 분명합니다. 이해 못 했다고 솔직히 말하는 첫 번째 학생입니다. 스스로 무엇을 모르는지 알고 있기에 부족한 부분을 정확히 보충할 수 있고, 그래서 발전의 발판을 만들 수 있습니다. 반대로 두 번째 학생은 무엇을 아는지, 무엇을 모르는지조차 모르는 상태, 곧 메타인지가 낮은 상태입니다.

진짜 공부는 내가 약한 개념을 인지하고 객관적으로 빈틈을 파악하는 순간에 시작됩니다. 같은 시간을 공부해도 결과가 달라지는 이유는 머리 좋고 나쁨, 학원 유무만이 아닙니다. 메타인지가 있느냐 없느냐, 바로 그 차이가 성장과 성적을 좌우합니다.

가짜 공부의 배신

삼 남매 중 둘째는 가장 많이 삐걱거린 아이였습니다. 성격이 밝고 긍정적이라 더 훨훨 날아다녔지요. 본인 말로도 "한 번도 모범생이었던 적이 없다."고 할 정도로, 하고 싶은 것도 보고 싶은 것도 놀고 싶은 것도 많았습니다.

중학교 때는 BTS 열혈 팬, 아미였답니다. 고1 때도 겁 없이 해외 콘서트 티켓팅까지 해서, '허락할까 말까?' 하는 시험에 들게 하기도 했습니다. 그런데 둘째의 계획 앞에서 저는 늘 약자였습니다. 콘서트가 예정돼 있으면 정말 벼락치기로 공부해서 괜찮은 성적을 가져왔거든요. "엄마, 이 정도면 콘서트 갈 자격 되지?" 하는 말에 마음이 녹았습니다. 성적 때문이 아니었습니다. 콘서트에 가겠다고 공부하고, 허락을 '당당하게' 요청하는 태도, 풋풋한 10대의 설렘이 제 눈엔 예뻐 보였으니까요.

그런 둘째가 고등학교에 진학하고서 고1에 치른 첫 모의고사에서 전교 1등을 했습니다. 영리함이 반짝이는 아이라고 해도 전교 1등은 전혀 기대하지 않았기에 더 기뻤고, 저까지 들떴습니다.

하지만 거기서 발목이 잡혔습니다. 이후 중간·기말 내신을 줄줄이 망쳤고, 담임선생님이 "무슨 일이 있니?" 하고 따로 불러 걱정할 정도였습니다. 같은 학교의 첫째는 내신을 착실히 쌓아 서울대를 바라보던 터라, 둘째의 불안은 더 컸을 겁니다.

결국 둘째는 수시 대신 정시로 가겠다며 선언했습니다. 상의라기보다 정말 선포에 가까웠지요. 처음엔 우려가 앞섰지만, 둘째 특유의 밝음과 긍정으로 "수능 공부, 자신 있다." 하니 반대할 명분도 마땅치 않았습니다. '실패도 경험이고 기회가 될 수 있다. 우선은 믿어 보자.' 저부터 마음을 그렇게 정했습니다.

둘째는 본격적으로 인터넷 강의으로 수능 공부를 시작했습니다. 고2 겨울방학, 목표를 수학으로 정하고 매진했습니다. 좋아하던 강사의 수업을 따라가겠다며 태블릿 앞에서 긴 시간을 보냈고, 방학이 끝날 즈음 "그 강사 커리큘럼을 모두 따라갔다."라고 말했습니다.

하지만 여기엔 함정이 숨어 있었습니다. 커리큘럼을 끝까지 '따라갔다.'라는 말에는 배운 내용을 내 것으로 만든 증거가 비어 있을 수 있다는 사실. 그게 바로 '가짜 공부'의 함정이었습니다.

눈물로 깨달은 메타인지

고3이 되었고, 6월 모의고사를 마친 둘째가 방문을 걸어 잠그고 또 울음을 터뜨렸습니다. 그런데 이번엔 제게 SOS를 쳤습니다. 속풀이 때마다 강아지 벤만 끌어안고 마음을 달래던 아이가 갑자기 엄마를 찾으니, 가슴이 철렁했습니다. 둘째는 눈물을 가득 머금고 수학을 크게 망쳤다고 했습니다.

"시험을 너무 망하니까 아무 생각도 안 나고 엄마 얼굴만 떠올라! 어떻게 해……" 가장 힘들 때 엄마부터 떠올렸다는 말에 '엄마 역할은 제대로 하고 있나 보다!' 싶어 고마우면서도, 망한 시험을 어찌해야 하나 걱정이 한꺼번에 밀려왔습니다. "생각부터 해보자. 왜 성적이 떨어졌을까?" 하고 물었습니다. 문제해결의 원칙. 해답은 본인이 가장 잘 아는 법이지요.

"수학 인터넷 강의 진도 다 따라가고 공부를 다 했다고 믿었어. 무조건 성적 오르겠지 하고, 자만했나 봐." 그 대답을 듣고 저는 오히려 안심했습니다. 둘째에겐 내가 아는 것과 모르는 것을 구분하고, 스스로 문제점을 찾아 고치는 힘, 바로 메타인지가 있었기 때문입니다.

어떻게 아이의 메타인지를 길러줄 수 있었을까요? 거창한 훈련이 아닙니다. '이 단원을 다 공부했는데, 어떤 부분이 가장 쉽고 어떤 부분이 가장 어려웠어?' '네가 이걸 완벽히 이해했다는 걸 동생에게 설명해 줄 수 있니?'와 같은 질문을 던지는 것만으로도 아이는 자신의 학습 상태를 객관적으로 돌아보는 연습을 하게 됩니다. 정답을 확인해 주는 부모가 아니라, 아는지 모르는지 스스로 묻게 하는 부모가 되어야 합니다.

둘째는 스스로 공부법에 구멍이 있었다고 진단했습니다. 진도 '따라가기'에만 급급했으니, 그건 가짜 공부였다고요. 이후 둘째와 메타인지가 왜 중요한지 이야기를 나눈 적이 있습니다. 지금 공부하는 학생들에게도 도움이 될 것 같아, 둘째의 말을 그대로 옮깁니다.

"메타인지는 문제 상황 직면에 가까운 거 같아요! 저는 고등학생 때 공부를 못할 때 그 사실을 직면하는 것 자체를 힘들어했어요. 성적이 안 나오는 게 그냥 부끄럽고 속상하니까 왜 성적이 나오지 않는지에 대한 분석을 하지 않고 뭉뚱그려서 '다음에 더 잘하지.' 덮어두고 넘어가고, 책상 앞에 앉아서 집중 안 하는 시간이 늘어나도 앉아 있었으니 공부한 거라고 착각했어요.

제가 성적이 팍 올랐을 때를 생각해 보면요. '내가 공부 시간이 부족하다.' '이 과목의 이런 지점이 안 되니까 그 뒤도 안 된다.'처럼 문제 상황을 자세히 분석하고 개선하려고 노력했을 때 올랐어요. 그냥 '열심히, 많이'가 아니라, 내가 특정 과목 어떤 단원에서 계속 걸리는지, 이게 이해 자체가 안 된 건지, 연습 부족인지, 혹은 내가 채택한 풀이 방식을 아예 바꿔야 하는지 계속 생각·분석·수정하는 게 중요해요."

둘째는 울음 사이로 원인을 정확히 짚어냈고, 그 순간부터 진짜 공부가 다시 시작되었습니다. 강의를 다 따라간 것만으로 진도를 끝냈다는 착각을 벗겨낸 힘, 그게 메타인지였습니다.

3등급에서 1등급으로, 오답노트의 기적

그후 저는 저대로 둘째의 대학입시를 위한 여러 방법을 알아보았습니다. 수능이 코앞이니 대비는 필요했지요. 논술전형 준비도 병행하고, 학원의 모의고사 반도 등록했습니다. 하지만 가장 중요한 해법은 둘째가 공부법을 바꾼 것이었습니다. 둘째는 진도 집착을 버리겠다고 했습니다. 견고한 둑도 작은 구멍에서 무너지니, 그 구멍을 '오답노트'로 메우겠다는 결정이었지요.

둘째는 9월 모의고사 전까지 수학 오답노트를 집중적으로 만들었습니다. 틀린 문제는 인터넷 강의 선생님의 풀이를 그대로 적고, 왜 틀렸는지, 어디를 놓쳤는지를 노트 안에서 분석했습니다. 꼬박 3개월을 그렇게 보냈고, 9월 모의고사에서 수학 점수가 크게 올랐습니다.

지금도 둘째가 가장 열심히 공부한 순간을 물으면, 그때의 오답노트를 떠올립니다. 성적이 어느 정도 떨어졌냐 물으니 '문 닫은 3등급!'이라고 하더군요. 3등급 중에서도 가장 낮은 점수였다는 뜻입니다. 그러나 3개월 파고든 뒤 수학은 1등급, 결국 서울대 합격까지 이어졌습니다. 대학 3학년이 된 지금도 둘째 책장에는 그때의 오답노트가 꽂혀 있습니다. 다른 문제집은 다 버려도 이 노트만은 못 버리겠다고 해요.

"오답노트를 보면 그때 치열하게 공부했던 생각이나 마음이 뿌듯해져요. 또 이런 각오로 열심히 하면 나 뭐든 잘하겠지?"

저는 아이 이야기를 들으며 다시 안심했습니다. 공부를 열심히 한 기억은 성적표 숫자로만 남지 않았습니다. 미래를 버티게 하는 단단한 마음 근력, 자존감으로 남았습니다.

오답노트의 비밀, 4단계 공부법

둘째의 오답노트에는 자신의 상태와 역량을 정확히 파악한 내용이 고스란히 담겨 있었습니다. 메타인지를 발휘해 스스로 문제 상황을 분석하고 어떻게 이를 개선할 수 있을지 고민한 내용이 둘째만의 4단계 공부법으로 남았습니다. 오답노트에 적혀 있는 내용을 바탕으로, 조금 더 자세히 소개해 보겠습니다.

• 1단계, 문제 바로 읽기

수학을 힘들어하는 아이 중엔 "문제가 뭘 말하는지 모르겠어요?"라고 말하는 경우가 흔합니다. 수학 풀이의 시작은 문제 해석입니다. 출제자가 무엇을 묻는지, 답을 도출하게 하는 힌트가 무엇인지, 어떤 함정을 파서 무엇을 테스트하는지를 정확히 읽어야 합니다.

- **2단계, 선생님의 도플갱어 되기**

둘째가 가장 신경 쓴 건 '선생님과 똑같이 사고하고 풀이하기'였습니다. 선생님의 사고 흐름과 풀이 순서를 그대로 따라가며, 거의 베껴 쓰듯 학습했지요. 그 과정에서 새로운 풀이 방식, 문제 접근 아이디어, 핵심 지점은 따로 강조·정리해 두었습니다.

- **3단계, 틀린 이유 분석**

다음은 왜 틀렸는지를 올바른 풀이와 대조해 분석하는 단계입니다. 대개는 1·2단계에서 답이 나옵니다. 문제 해석 실패, 개념 미흡, 풀이 아이디어 부족. 이 범주 밖의 계산 실수나 판단 실수는 따로 정리해 두면 재발 방지에 큰 도움이 됩니다.

- **4단계, 완성도 향상을 위한 반복 학습**

마지막은 역시 반복입니다. 둘째의 노트에는 체크·별표 등으로 반복 풀이의 흔적이 빼곡했습니다. 반복은 단순 복습을 넘어, 개념 정착과 실력 상승에 가장 효과적입니다.

무엇보다, 오답을 스스로 분석하고 정리하는 과정은 수동적 공부에서 능동적 공부로 옮겨 가는 훈련입니다. 둘째는 성적보다 더 큰 걸 얻었습니다. 틀렸던 문제를 다시 맞히며 얻은 성취감. 그게 자기효능감으로 이어졌습니다. 결국 수학 문제보다 더 중요한 건, 자기 안의 문제를 풀어내는 힘이니까요.

가장 눈부신 성장은 자신의 오답을
정면으로 마주하는 용기에서 시작됩니다.

27장

유명 학원을 그만두자
아이의 잠재력이 폭발했다

잘하는 것은 더 잘하게

'사교육 1번지' 대치동에서 아이들이 가장 많은 시간과 비용을 투입하는 과목은 수학이라고 합니다. 수능에서 변별력이 가장 높기 때문이지요. 저도 또래 부모님들의 이야기, 학원 선생님들의 조언을 들었습니다. 신기하게도 공통 답은 같았습니다. 수학을 잘하려면 '선행 학습과 반복'. 절대 명제처럼 들렸습니다.

그럼에도 첫째와 둘째의 수학 공부는 무리하지 않았습니다. 각자의 속도에 맞춰 6개월에서 1년 정도 가볍게 앞 맛만 보는 정도. 저희는 그것을 '선행 학습'이라기보다 '미리 체험'이라 여겼습니다.
　하지만 셋째는 달랐습니다. 어려서부터 수학·과학에 또렷한 흥미를 보였고, 초등학교 고학년 무렵 수학에 꽂혔습니다. 문제를 깊게 붙잡고 풀었고, "나 수학 선생님 되고 싶어!"라고 말하곤 했지요.

공부든 일이든 제가 늘 기준으로 삼는 원칙이 있습니다. 잘하는 것은 더 잘하게. 아이가 가장 중요하게 여기는 것 하나에 집중하면 능력의 최대치를 끌어올릴 수 있다고 믿습니다. 셋째에게 그 '단 하나'는 수학이었습니다. 그래서 '넓고 얕게'가 아니라, '좁고 깊게' 잘하는 것을 더 잘하도록 열심히 도왔습니다.

유명 학원의 명과 암

셋째가 초등학생이던 2015년, 당시에도 '학원 고시'로 유명한 대치동의 모 수학학원이 열풍이었습니다. 이 학원의 레벨 테스트를 통과하면 '수학 좀 하는 아이'로 인정받는 분위기였죠. 심화 전문 학원이라는 점이 마음에 들었습니다. 셋째의 수학 호기심을 더 깊게 키울 수 있겠다 싶었고, 셋째 역시 다니고 싶다고 했습니다.

레벨 테스트 당일, 선행 학습을 하지 않은 아이라 걱정했지만, 다행히 중상 레벨이 나와 그 유명한 수학학원에 합격했습니다. 저도 아이도 신이 났습니다. "이제 이 학원만 졸업하면 수학은 문제없겠지?"라는 기대도 했습니다. 하지만 셋째는 끝까지 버티지 못했습니다. 셋째는 결국 학원을 미련 없이 그만뒀습니다. 지나친 경쟁

시스템이 셋째와 맞지 않았고, 반복되는 레벨 테스트는 스트레스를 키웠습니다. 문제를 제대로 풀지 못하면 집에 갈 수 없는 강압적 분위기도 견디기 힘들어했습니다.

유명세가 무슨 소용일까요. 아이가 스트레스받는 걸 뻔히 알면서도 억지로 보낼 수는 없었습니다. 셋째는 결국, 모두가 들어가고 싶어 하던 그 학원의 문을 스스로 박차고 나왔습니다.

내 아이에게 맞는 작은 학원의 기적

아이는 후회하지 않았습니다. 오히려 셋째의 수학 잠재력이 터진 건 그 수학학원을 그만두고 난 뒤였습니다. 약 1년 반을 쉬고, 대치동의 중소형 수학학원을 다니기 시작했는데, 셋째와 친구들, 그리고 선생님의 팀워크가 찰떡이었습니다. 비슷한 성향의 친구들이 서로 좋은 자극이 되었고, '수학 공식보다 학습 동기가 먼저'라고 강조하는 선생님은 아이들이 함께 탄 수학 통통배를 초고속 페리선으로 만들어 주셨죠.

게다가 같은 반에서 늘 1등을 놓치지 않던 여학생의 존재가 셋째의 승부욕까지 건드렸습니다. 그때부터 항해에 가속이 붙었습니다. 선생님 표현대로라면, 셋째에게서 빛이 난다고 했습니다. 같은 숙제를 내줘도 더 많은 문제를 풀어 왔고, 다음 진도를 호기심 어린 눈빛으로 바라봤습니다. 수학은 다시 스트레스가 아니라 도전, 고통이 아니라 재미가 되었습니다.

이후 셋째는 과학 공부까지 병행하며 영재고 입시를 준비했고, 수학에서 시작된 공부 근력이 영재고 합격에서 물리올림피아드 국가대표로, 다시 영재고 내신 1등으로까지 차곡차곡 쌓였습니다.

셋째는 우리 집에서도 별종입니다. 가족 중 그 누구도 수학이나 물리를 재미있다고 여긴 적이 없었거든요. 셋째 덕분에 한때 양자역학을 찾아보며 유튜브와 책을 뒤적였지만 저는 지금도 하나도 모르겠습니다. 여전히 셋째가 신기하지만 천재여서가 아니라 자기 역량을 발굴하고 잘 가꾼 아이라는 건 분명합니다.

아무리 위대한 씨앗도, 자기에게 맞는 토양이 아니면 결코 싹을 틔울 수 없습니다.

PART 8

단단한 엄마로 버티려면

부모가 아이를 대하는 방식이 아이가 자신을 믿는 방식이 됩니다.
아이가 울며 포기하려는 순간, 부모가 "괜찮아, 아직 안 된 것뿐이야!"라고
말해 줄 수 있어야 아이는 자신을 지금 성장하고 있는 존재로 받아들입니다.

― 28장 ―

학원, 어디 보내야 하나요?

조급증만 키웠던 엄마 모임

학원 정보를 좀 알아보겠다며 엄마 모임에 갔다가 '조급증'만 얻었다는 친구들을 자주 봤습니다. 모임을 마치고 집에 돌아오면, 우리 아이가 뒤처진다는 불안이 먼저 올라오거든요. 누구는 어디까지 선행 학습했고, 누구는 뭘 배운다는데, 소파에 누워 만화책을 보는 우리 아이를 보면 갑자기 큰일 났다 싶은 거죠. 그 조급함이 발동되면 학원을 늘리고, 진도 뺀다고 과외까지 붙이는 악순환이 시작됩니다.

저도 첫째를 키울 때는 엄마 모임에 나갔습니다. 처음이라 궁금한 것도, 모르는 것도 많아 남의 얘기라도 들어야 할 것 같아서였죠. 그리고 어디서든 자녀 교육은 단골 메뉴, 대화는 금세 공부 이야기로 흘러가더라고요. 공부 잘하는 아이의 엄마가 학원이나 공부 얘기를 꺼내는 순간, 시선이 한 번에 쏠립니다. 그 엄마가 오늘의 주인공이 되는 분위기. 그래서일까요, 엄마 모임은 '기승전 아이성적'이라 해도 과장이 아닙니다.

그러니 모임을 다녀오면 아이의 미래와 현재의 불안이 부딪칩니다. 사람은 본능적으로 발등의 불부터 끄고 싶지요. 그래서 저는 엄마 모임을 과감하게 끊었습니다. 지금 공부를 잘해야 미래가 행복할 것 같지만, 정말 그럴까요?

해법은 아이의 반짝임 속에

개그맨 이수지 씨가 대치맘을 패러디해 화제가 되었던 장면이 있습니다. '제기차기 과외선생님'을 기다리는 제이미맘 이야기지요. 〈오징어 게임 2〉의 제기차기가 유행할 것 같다며 선행 학습이 필요하다고 판단하고, 앞으로 수행평가가 될 수 있으니 미리 준비해야 한다고 말합니다. 네 살 아이가 이미 수학학원에 다니고, 과자를 받으면 그냥 먹지 않고 개수를 세더라며 그 모습에서 영재 모멘트를 읽었다고도 하죠.

이 장면은 과열된 교육 현실을 풍자합니다. 동시에 부모의 역할에 대한 핵심도 품고 있습니다. 제이미맘의 대사, "많은 영재 모멘트가 있지만, 그걸 캐치하고 확장해 주는 게 엄마 아닐까."를 저는 이렇게 바꿔 말하고 싶습니다. 부모의 역할은 아이가 흥미를 보이는 순간을 붙잡아, 안전하고 건강한 방식으로 넓혀 주는 것이 아닐까요.

부모는 아이가 예체능에 반짝이는지, 수학·과학에 호기심이 있는지, 독서에 깊이 빠지는지부터 읽어야 합니다. 부모는 그 반짝임을 단서로 환경과 기회를 설계하면 됩니다. 그때 학원은 목표가 아니라 수단입니다. 아이의 속도와 성향에 맞춘 맞춤 확장, 바로 거기서 해법이 찾아지겠지요.

가장 좋은 학원은 아이가 직접 고른 학원

삼 남매는 중학교 때부터 자기가 다니고 싶은 학원을 스스로 알아봤습니다. 대개 친구들이 다니는 곳이었지요. 또래의 평판이 가장 정확한 평가가 될 때가 많고, 무엇보다 스스로 선택했기에 꾸준히 잘 다녔습니다.

황당하지만 의미 있던 일도 있습니다. 첫째가 학원을 그만둔 이유는 바로 선생님이 판서할 때 나는 '끼이익' 소리 때문이었습니다. 그 소리를 도저히 못 참겠다는 말에 바로 그만두게 했습니다.

소리·냄새·시각 자극 등 아이마다 예민한 요소가 다릅니다. 사소해 보여도 아이가 힘들어한다면, 뭐 그런 것 때문에 학원을 그만두냐며 실랑이할 일이 아닙니다. 억지로 다니게 하면 역효과가 날 수 있습니다.

무엇보다 중요한 건, 학원 안에서 아이 스스로 느끼는 성취감입니다. 성취감이란 높은 레벨이나 빠른 선행 학습에서만 오지 않습니다. 작은 쪽지시험을 스스로 준비해 잘 보려 애쓰는 일, 빠지지 않고 숙제를 해내는 일, 결석 없이 수업에 성실히 참석하는 일 등 작은 성취의 축적이 자기주도학습으로 이어집니다.

학원은 단지 문제를 푸는 곳이 아니라, 스스로 성장을 경험하는 훈련소가 되어야 합니다. 부모는 성취를 성적으로만 보지 말고, 아이가 학원에서 쌓아 올린 작고 의미 있는 성취를 잘 포착해 말로 표현해 주는 것, 아이 마음에 성취감이 차곡차곡 쌓이도록 관심을 기울이고 반응하는 노력, 꼭 필요합니다.

**최고의 학원 로드맵은 엄마들의 정보력이 아닌,
내 아이의 마음속에 있습니다.**

29장

부모가 가져야 할 진짜 용기

아이의 거짓말을 대하는 부모의 용기

부모는 아이 말이 늘 진실일 것이라는 착각부터 깨야 합니다. 맥길 대학교 빅토리아 탤워 박사는 거짓말과 처벌의 상관관계를 실험했습니다. 4~6세 아이에게 뒤돌아보면 안 된다고 지시하고, 유혹적인 장난감을 방에 둔 채 관찰했지요. 대부분의 아이가 호기심을 이기지 못하고 돌아봤고, 돌아봤냐는 질문에 많은 아이가 아니라고 거짓말했습니다. 핵심은 그다음입니다. 한 그룹에는 꾸중과 처벌, 다른 그룹에는 이해와 공감으로 반응했습니다. 결과는 분명했어요. 혼난 아이들은 거짓말이 반복되었고, 이해받은 아이들은 점점 더 정직해졌습니다.

이 실험은 부모에게 중요한 메시지를 줍니다. 잘못을 보았을 때

고치게 하는 데만 몰두하면, 아이는 오히려 '들키지 않는 기술'을 배웁니다. 반대로 아이의 마음을 먼저 읽고 기다려 주면, 아이는 스스로 바로잡을 기회를 얻습니다. 탈워 박사는 아이의 거짓말을 도덕의 결핍이 아니라 두려움의 결과로 보았습니다. 혼날까 봐, 자존심이 상할까 봐, 신뢰를 잃을까 봐, 그래서 거짓말을 하는 것이지요.

훈계로는 정직이 자라지 않습니다. 정직은 사랑과 신뢰를 잃지 않을 거라는 확신 속에서만 싹 틔웁니다. 아이가 안전하다고 느끼는 관계, 그곳에서 아이는 비로소 사실을 말할 용기를 냅니다.

눈감아주는 용기로 아이의 자존감 지키기

아이의 실수를 즉시 지적하거나 사람들 앞에서 창피를 주는 훈육은 겉으론 효과가 있어 보일지 몰라도, 결국 자존심을 무너뜨립니다. 자존심은 자존감의 뿌리입니다. 아이가 실수했을 때 존중받았다고 느끼는 경험은 시간이 지나 자기를 믿고 자신을 다룰 힘으로 남습니다. 실수를 덮어준다는 건 도망치게 하는 일이 아니라, 존엄을 지키는 방식으로 성장의 기회를 건네는 일입니다.

워킹맘이었던 제게 이 점은 오히려 도움이 되었습니다. 정말 몰라서 넘어간 순간들이 있었고, 그 여백이 아이를 숨 쉬게 했습니다. 삼 남매가 입시에 모두 성공할 수 있었던 비결도 저는 '눈감아 주는 용기'에서 나왔다고 믿습니다. 그렇다고 제가 방관자였던 건 아닙니다. 아이들이 스스로 해결하기 어려운 부족함을 느끼면 먼저 도움을 청했습니다. "수학이 부족해요." "영어를 더 해야겠어요." 그러면 함께 대응책을 마련했습니다.

부모가 자녀의 모든 행동을 알려고 들거나 과도하게 제어하지 않아야 합니다. 눈감아 주면 더 망가질까 하는 불안을 내려놓아야 합니다. 아이가 자라려면 실수하고 실패해도 괜찮다는, 부모의 신뢰가 필요합니다. 부모가 눈감아 주고 믿어 줄 때, 아이는 더 큰 도전과 모험을 시도하고, 어려울수록 부모에게 오히려 더 가까이 다가올 것입니다.

내가 이혼을 권하는 단 한 가지 경우

이혼 전문 변호사로 25년을 일했습니다. 저는 이혼을 부추기는 변호사가 아닙니다. 소송만이 해법이라고 말하지도 않습니다. 기다림·오해 해소·대화로 풀 수 있는 문제라면 의뢰인을 단호히 돌려보냈습니다. MBN 방영 TV 프로그램 〈한 번쯤 이혼할 결심〉에 출연했을 때, 실제 제 상담에서 소송을 만류 받았다는 출연자의 이야기도 있었습니다. 부부가 노력으로 해결할 수 있는 일까지 이혼 소송으로 밀어 넣고 싶지 않았기 때문입니다.

그런데 제가 "당장, 빨리!" 이혼을 권하는 예외가 단 하나 있습니다. 바로 자녀가 불행 속에 놓였을 때입니다. 엄마·아빠의 고통이 그대로 아이에게 전가되고 있는 경우입니다.

상담 온 분들에게 들은, 실제 가정에서 벌어지는 일들입니다. 30대 엄마는 남편이 부부싸움 중에 다섯 살 아이를 던졌다고 했습니다. 분노 조절을 못 하는 아빠가 아이에게는 공포 그 자체였습니다. 영재고 입시에 실패했다는 이유로 중학생 아들을 때리고 생활비까지 끊은 경우도 있었습니다. 어떤 남편은, 초등학생 자녀에게 매달 천만 원에 달하는 사교육을 몰아넣는 아내를 더는 볼 수 없다며 눈물을 글썽이기도 했습니다.

이런 상황에서 최대 피해자는 아이입니다. 아이를 던지고, 때리고, 경제적으로 방치하고, 쉴 틈 없이 내모는 행위 모두 부모가 자행하는 아동학대입니다. 아이의 피해를 즉시 줄이기 위해선 '분리'가 필요합니다. 그래서 저는 이런 경우만 이혼이라는 법적 분리를 권합니다. 이혼으로 만들어진 새로운 환경이, 아이에게 안전과 회복의 출발점이 되어야 하니까요.

부부 싸움에도 AS가 필요하다

모든 부부 갈등이 이혼으로 향하는 건 아닙니다. 우리 부부도 당연히 싸울 때가 있습니다. 방송에서 제가 남편 흉을 많이 봐서인지, "이제 이혼하고 혼자 행복하게 살아라." 하고 위로하는 분들도 계시지만, 남편은 늘 억울해합니다. 자신은 방송의 피해자라면서요. 남편은 자상한 스타일은 아니지만 따뜻한 아빠입니다. 아내를 살뜰히 챙기진 못해도 아이들 기분은 세심하게 살핍니다. 그래서 우리는 남편을 '119 아빠'라고 불렀습니다.

그런데 119 아빠라도 제 마음의 불은 잘 못 껐습니다. 우리도 여느 부부처럼 사소한 일에 서운했고, 작은 말 한마디로 냉담 모드가 되기도 했습니다. 식탁에 앉아 잘잘못을 따지기 시작하면, 거실에 있던 삼 남매는 슬금슬금 각자의 방으로 사라졌습니다.

부부가 아예 싸우지 않는 건 불가능합니다. 물론 아이들 앞에선 싸우지 않는 게 최선이지만, 좁은 집에서 완벽히 차단하기란 쉽지 않죠. 그래서 건강하게 싸우는 법이 필요합니다. 부모가 건강하게 싸우고 화해하는 모습을 본 아이는, 훗날 갈등이 생겨도 건강하게 해결합니다. 우리는 싸움 뒤에 AS를 보여주려 노력했습니다.

"명절에 외가댁 가는 문제로 아빠와 의견차가 있었어. 목소리가 커져서 미안해. 결국 할머니 댁은 명절에 가기로 했고, 아빠가 사과해서 엄마도 미안하다고 했어."

아이가 초등학생 이상이라면, 받아들일 수 있는 수준에서 다툼의 원인과 해결 과정을 설명해 주세요. 그래야 아이가 부모 싸움을 불행의 신호로 보지 않고, 문제해결 과정으로 이해합니다. 싸움 이야기를 꺼내면 삼 남매는 "아빠가 너무했네." "엄마가 양보해도 되잖아."하며 나름 정확한 분석을 내놓곤 했습니다. 안 듣는 척해도, 다 듣고 부모를 걱정했던 거죠.

강산이 두 번 바뀔 동안, 남편과 저의 관계도 조금씩 달라졌습니다. 오래 함께 걷다 보니 남편은 제게도 119 같은 존재가 되었습니다. 삼 남매를 키우는 동안 남편은 아이와 관련된 모든 것을 전적으로 저를 믿었고, 훈육의 악역은 제 몫, 다독임은 아빠 몫이었습니다. 무엇보다 119 아빠 덕분에 우리 집은 늘 안전하고 든든했습니다.

아이의 실수를 눈감아줄 용기, 무너진 세상에서
아이를 구해낼 용기. 결국 부모의 용기는 아이를 향한
'믿음'의 다른 이름입니다.

―――――― 30장 ――――――
싸울 때도 지킨 우리 집 규칙

애 셋은 에셋이라지만, 현실은 전쟁

2000년대 초반, '하나만 낳아 잘 기르자.' 분위기에서 '애 셋'은 참 용감한 선택이었지요. 그즈음 TV에서 막 성장하던 '미래에셋' 광고를 보다 문득 떠올렸습니다. '에셋asset? 자산? 난 애가 셋인데? 그럼 나는 이미 에셋이 있네!' 그래, 아이들은 짐이 아니라 자산으로 보자. 마음속에 그렇게 다짐했습니다.

하지만 자산이 되려면 셋 모두 잘 자라야 하는데, 현실은 전쟁이었습니다. 날이면 날마다 돌아가며 싸우고, 가지 많은 나무처럼 집안은 쉴 새 없이 흔들렸습니다. 퇴근 후 집에 오면 삼 남매를 일단 앞혀 놓고 송사부터 해결했지요. 그날도 "싸웠니, 괴롭혔니, 꼬집었니?" 각종 민원을 쏟아내는 아이들을 보다 결심했습니다. 특단의 조치, 바로 '우리 집 헌법'이었습니다.

우리 집 헌법 제4조, 모든 권력은 첫째에게

> 송파 삼 남매네 헌법
>
> 제1조. 우리 집 최고의 가치는 행복이다.
> 제2조. 우리는 실수로 배우고 서로 용서한다.
> 제3조. 숙제·공부는 스스로 한다.
> 제4조. 부모님이 없을 때 권력은 첫째에게 있고,
>   모든 권력은 첫째로부터 나온다.
> 제5조. 중요한 일은 가족회의에서 함께 결정한다.
> 제6조. 우리는 함께할 때 가장 강하다.

우리 집에서 최고의 지위를 명확히 하는 우리만의 법을 만들었습니다. 핵심은 '부모가 없을 때는 첫째의 말을 따른다'. 투닥거릴 때 중심을 잡아 줄 사람이 필요했고, 첫째가 그 역할을 잘 해낼 거라 믿었습니다. 첫째는 늘 첫 번째 실험 대상이라 대표로 혼나는 일이 많았습니다. 그런 장면을 동생들이 반복해서 보니, 첫째가 자존심이 상하고 억울할 수 있겠지요. 동생들 앞에서 부모의 신뢰를 보여 주기 위해서도, 첫째의 권위가 필요했습니다.

물론 우리 집 헌법은 개정을 거쳤습니다. 아이가 셋이면 집은 작은 사회고, 그 안엔 언제나 정치가 있습니다. 놀랍게도 그 정치의 핵심 플레이어는 둘째일 때가 많습니다. 큰누나에게 권력을 주니 둘째와 셋째가 서러웠던 모양입니다. 둘째가 셋째를 꼬드겨 개정안을 냈습니다. 첫째의 독재를 견제하고, 첫째가 없을 때는 권력을 둘째에게 나누자는 내용이었죠.

듣고 보니 조금 불공평한 헌법이 맞습니다. 그래도 부모가 없을 때 중심이 필요하고, 그 역할을 첫째에게 실어 주는 게 타당하다는 점을 설득했습니다. 대신 가족회의라는 견제 장치를 두고, 첫째의 독재 행위가 3회 이상 인정되면 권력을 둘째에게 이양하기로 했습니다. 또 첫째가 없을 땐 둘째가 대행하도록 했습니다.

냉장고에 커다랗게 붙여 둔 가족 헌법은 일관성 있는 육아에 큰 도움이 됐습니다. 시간이 지났지만, 삼 남매는 여전히 큰누나를 중심으로 간식 배분 같은 소소한 일부터 막내의 대학 준비 같은 굵직한 일까지 함께 상의하며 해결해 갑니다.

우리 집의 정치가, 둘째

물론 삼 남매의 '전쟁'이 헌법 하나로 끝나진 않았습니다. 우리 부부도 "말 안 들으면 고아원에 보낸다!"라는 식의 못할 말을 내뱉은 적이 있었고, 아이들은 서로 싸우다 멍이 들거나 책을 찢어버릴 만큼 다툴 때도 있었습니다. 그럴 때면 로스차일드 가문의 화살 이야기를 들려주며 하나로 뭉치면 누구도 못 이긴다고 훈계했지만, 둘째가 "엄마, 우리는 셋이에요."라고 받아쳐 더 혼낸 적도 있었지요. 그래도 뒤엉키고, 실수하고, 용서하는 경험들이 모여 지금의 삼 남매를 만들었습니다.

심리학자 알프레드 애들러 박사는 중간 자녀가 자연스레 조율·협상 능력을 자연스레 익힌다고 말합니다. 맏이의 권위와 막내의 자유로움 사이에서 둘째는 양쪽을 이해하고 중간지점을 찾는 법을 배운다는 것이지요. 우리 둘째를 보면 딱 들어맞습니다.

둘째는 태어나자마자 첫째의 질투를 온몸으로 겪었습니다. 걸음마를 뗄 때까지 늘 지켜봐야 할 만큼 첫째의 공격을 막아야 했고, 곧바로 셋째가 태어나자 엄마의 관심을 독차지하지 못하게 늘 동분서주했지요. 제가 막내 기저귀를 갈려고 일어서면, 둘째가 먼저 기저귀를 들고 나타날 정도였으니까요. 타고난 밝음과 귀여움으로 가족의 중심을 이어주는 아이. 그래서 우리 부부는 지금도 둘째를 귀엽고 똑똑하다고, 귀똑이라고 부른답니다.

삼 남매를 키우며 셋 중 누구도 '늘 손해 보는 사람'이 되지 않게 하는 데 마음을 쏟았습니다. 성격과 상황에 맞춰 관심의 결은 달리하되, 사랑만큼은 똑같이 느끼도록 애썼지요. 그래서인지 아이들은 엄마와 단둘이 하는 데이트를 무척 좋아했습니다. 그런 날이면 아이들은 꼭 묻습니다.

"엄마 비밀로 할 테니까 말해줘. 셋 중에 누가 제일 예뻐?"

둘째와 데이트하면 늘 이렇게 말했습니다.

"엄마는 우리 귀똑이가 엄마에게 와서 너무 행복해. 언니·동생 사이에서 역할을 잘해 주고 있어. 그런데 네 마음을 먼저 챙기고, 억지로 양보하는 건 안 해도 돼. 지금도 충분히 잘하고 있지만, 혹시나 해서 하는 말이야. 알았지?"

그러면 둘째는 당차게 대답하곤 했죠. "그럼요, 엄마. 제가 누군데요. 저 '귀똑이'잖아요."

저는 둘째의 '정치력'이 살아남기 위한 기술이 아니라 관계를 살리는 힘으로 자라길 바랐습니다. 셋이 고르게 사랑받는 경험이 있어야 서로를 경쟁자 대신 동맹으로 받아들이고, 그 안에서 둘째는 건강한 조정자로 서게 되니까요.

형제 가정에 도움이 되는 예체능 활동

아이가 둘 이상 있는 집이라면 함께하는 예체능 활동을 권합니다. 우리 삼 남매는 오케스트라 단원으로 함께 자랐습니다. 각각 바이

올린·플루트·트럼펫을 맡아 같은 곡을 듣고, 같은 박자에 귀를 기울이며 연주했지요. 오케스트라 안에서 아이들은 경쟁자가 될 수 없습니다. 각자 자기 소리를 내되, 서로의 소리를 들어야 비로소 하나의 음악이 완성되는 자리니까요.

　삼 남매는 무대 위에서, 연습실에서, 캠프의 좁은 방에서 동료로 지냈습니다. 서로의 실수를 감싸고, 긴장을 나누고, 성공의 순간엔 따뜻한 눈빛으로 응원했습니다. 집에서보다 연습실 바닥에 앉아 빵을 나눠 먹으며 더 가까워졌고, 돌아오는 버스 안에서 피곤을 함께 견디는 법도 배웠습니다.

워킹맘의 빈자리는 아이들에게 오히려 서로 힘을 합치는 계기가 되었을 것입니다. 둘째를 고민하는 부모에게 제가 늘 전하는 말이 있습니다. "엄마가 늦어도 형제가 있으면 덜 외롭고, 서로 의지하며 자랍니다." 지금도 첫째는 동생들을 걱정하고, 둘째는 오케스트라 지휘자처럼 사이를 조율하며, 막내는 훌쩍 커서 누나들의 보호자 역할을 합니다. 세 아이는 서로에게 가장 큰 버팀목, 지금도 그렇습니다.

가장 단단한 규칙은 법전이 아니라,
서로의 마음에 새겨진 신뢰입니다.

31장

학교, 세상을 배우는 가장 큰 울타리

내 아이의 가능성을 발견해 준 곳

아이 셋을 키우며 학교와 참 많은 인연을 맺었습니다. 성격도, 기질도, 흥미도 제각각인 아이들이 같은 공교육 안에서 자라며 매번 새로운 선생님과 친구를 만났지요. 저는 아이들의 학교를 생각할 때 한 가지 원칙만은 흔들리지 않으려 했습니다. 선생님을 존중하는 아이로 키우자. 학교는 단지 공부를 배우는 공간이 아니라, 사회를 처음 경험하는 무대이기 때문입니다. 그 안에서 만나는 선생님은 지식을 전달하는 사람을 넘어, 아이가 처음 마주하는 타인이고 사회입니다.

그래서인지 삼 남매는 자주 이렇게 말했습니다. "선생님이 그러시던데." "선생님께 칭찬받았어." "선생님이 한번 해보라고 하셨어." 첫째가 책을 열심히 읽겠다고 마음먹은 것도 선생님의 칭찬 덕분이었고, 바른 자세나 생활 습관 같은 작은 일상에서도 아이들은 선생님의 한마디를 기억하고 중요하게 여겼습니다. 아이들이 귀 기울여 듣는 태도를 보이니, 선생님도 아이들을 더 관심 있게 봐주셨습니다.

특히 막내는 담임선생님의 관심 덕분에 본격적으로 공부를 시작했습니다. 막내가 기면증 진단을 받은 뒤, 학기 초마다 저는 담임선생님께 메모를 전했습니다. "아이가 기면증 증세가 있어요. 수업 시간에 졸더라도 이해해 주시고, 체육·놀이 시간이 힘들면 쉬게 해 주세요. 공부는 중요하게 생각하지 않습니다." 솔직한 부탁이었지요.

6학년 담임선생님께서 학부모 상담 일정을 잡자고 연락을 주셨고, 찾아뵈니 생각보다 젊은 선생님이셨습니다. 선생님은 조심스럽게 말씀하셨습니다. "어머님, 아이를 이렇게 그냥 두지 말고, 이제는 목표도 만들어 주시고 공부도 시켜 보시면 어떨까요? 건강을 걱정하시는 마음은 충분히 이해하지만, 제가 관찰하니 목표가 선명해지면 더 힘을 낼 수 있을 것 같아요."

저는 얼떨결에 대답했습니다. "아, 선생님 정말 그래도 될까요? 제가 너무 마음이 약해졌나 봐요. 아이와 얘기해 볼게요." 그때는 정말 아무것도 안 하던 시기였습니다. 어려서부터 수학을 좋아하고 수학 선생님이 되고 싶어 하던 아이였기에, 저는 그 마음만으로도 충분하다고 여기며 정서와 건강에만 신경을 쓰고 있었거든요. 돌아와서 선생님의 말씀을 있는 그대로 막내에게 전했습니다.

막내는 "그래? 선생님이 그러셔? 그럼 좀 더 해 보고 목표도 생각해 볼게, 나도!" 하며, 그때부터 다시 수학과 과학에 박차를 가하기 시작했습니다. 저는 지금도 믿습니다. 막내의 가능성을 발견해 준 곳은 학교였고, 그 가능성에 불을 붙여 준 사람은 선생님이셨습니다.

나와 다른 마음을 배우는 곳

특히 학교 속 또래와의 상호작용은 복잡한 사회생활을 대비하는 배움의 장입니다. 아이들은 학교에서 갈등 해결·협상·공감·리더십·규칙 준수가 실제로 어떻게 벌어지고 어떤 과정을 통해 해결되는지 미리 경험합니다.

초등학교 고학년이 되면 또래 관계의 비중이 본격적으로 커집니다. 유난히 밝고 씩씩한 우리 둘째는 친구들에게 인기가 많았는데, 한 친구가 더 가까워지고 싶어 다가오자, 이미 친한 무리가 있던 둘째가 그 친구를 무심코 밀어내면서 오해가 쌓인 일이 있었습니다. 그 친구의 서운함도 커졌지요. 담임선생님이 아이들을 다독였지만, 머리 큰 아이 마음까지 닿기란 쉽지 않았죠.

그때 저는 둘째에게 말했습니다. 학교는 단지 공부만 하는 곳이 아니라 '함께 사는 법'을 배우는 곳이라고요. "그 친구가 너와 정말 친해지고 싶었나 보다. 멋지네, 우리 딸. 네가 잘못했다는 뜻이 아니야. 다만 그 친구로선 얼마나 네가 좋았으면 선생님께까지 이야기했겠니." 우리는 한참을 그 친구의 입장에 서서 이야기했습니다.

놀랍게도 그날 이후 둘째의 행동이 달라졌습니다. 친구에게 먼저 다가가서 말을 건네고, 평소보다 더 씩씩하게 친구들을 하나로 모았습니다. 작은 불협화음은 웃으며 넘기는 여유도 생겼습니다. 아이들이 자라는 내내, 학교 덕분에 이런 관계와 소통을 배울 수 있었습니다.

완벽하지 않기에 괜찮은, 우리들의 학교

이제는 우리가 당연하게 받아들이는 학교라는 제도는 사실 산업혁명 이후에 자리 잡았습니다. 표준화된 노동자를 길러내는 사회적 훈련장의 성격이 강했지요. 지금은 그 틀을 넘어, 각 나라가 창의성과 개별성을 키워 창조형 인간을 기르려는 방향으로 가고 있습니다. 다만 방향을 정했어도 현실은 현실. 저는 학교가 모든 것을 다 해줄 수 없다는 사실을 받아들이기로 했습니다.

그렇다고 제가 무조건 학교 선생님 말씀에 동의한 건 아닙니다. 아이들 말만 듣고 항의하거나, 아이들과 함께 험담하지도 않았습니다. 먼저 선생님의 관찰과 판단을 인정하고, 그 안에서 해결책을 찾으려 했습니다. 그리고 아이들이 문제 상황에서 스스로 이겨냈을 때, 아낌없이 칭찬했습니다.

현실적인 이야기 하나. 중학교부터는 내신이 매우 중요해집니다. 좋은 고등학교·대학교 진학을 위해서는 내신 관리가 필수이고, 그 출발점은 그 선생님의 수업을 성실히 듣는 것입니다. 선생님에 대한 존중 없이 해내기는 당연히 어렵겠지요.

아이들은 하루 중 가장 긴 시간, 그리고 뇌 컨디션이 가장 좋은 상태에서 학교생활을 합니다. 학교 수업은 아이 인생의 황금시간대이며, 모든 평가의 기본이 되는 교과 내용으로 진도를 나가고, 돈으로도 살 수 없는 사회성까지 길러 주는 자원입니다. 이 자원을 제대로 활용하지 못한다면 억울하지 않을까요. 그래서 우리 집 공부의 기본 원칙은 간단했습니다. 학교 수업을 놓치지 않는다. 이것이야말로 가장 지혜로운 부모의 전략이지 않을까요?

세상이 완벽하지 않다는 걸 받아들이는 것, 그게 진짜 교육의 시작일지 모릅니다. 학교는 불완전한 세상을 배우는 첫 무대입니다. 단지 공부만 하는 곳이 아니라 삶을 연습하는 공간이지요. 완벽하지 않은 사람들과 함께 살아가는 법, 불편한 상황을 스스로 헤쳐 나가는 법, 실망 속에서도 존중을 지켜내는 법을 학교를 통해 이것을 배웠으면 했습니다.

부모가 학교를 신뢰할 때, 학교는 아이에게 세상에서 가장 큰 교실이 되어줍니다.

32장
아이의 꿈을 의심하지 마세요

아이가 반짝이는 순간 발견하기

대치동에서 열리는 영재학교 입시설명회 현장은 발 디딜 틈조차 없다고 합니다. 뉴스와 또래 학부모들의 말로만 듣던 풍경이었지만, 그때의 저는 영재고에 전혀 관심이 없었습니다. 우수 이공계 인재를 발굴하려는 영재학교와 우리 삼 남매는 어쩐지 어울리지 않아 보였거든요.

게다가 영재고 입학 준비 과정은 어마어마했습니다. 초등학교 때부터 입시 전략을 세우고, 수학·과학 심화는 기본, 각종 수학·과학 경시대회 참가까지 사실상 필수 코스로 여겨진다더군요. 그 모든 과정을 거친 뒤 아이는 매우 높은 경쟁률 앞에 서야 합니다. 실패 확률이 95퍼센트 이상인 경기에 도전하는 셈인데 과연 아이가 그 무게를 견딜 수 있을까, 모든 것이 가늠되지 않았습니다.

그때 막내의 수학학원 선생님에게서 연락이 왔습니다.

"어머님, 영재고를 준비해 보면 어떨까요?"

"네? 저희 아이는 그동안 영재고 준비를 전혀 안 했는데요."

"아이에게 반짝이는 데가 있어요!"

선생님이 말한 막내의 반짝임은 호기심이었습니다. 개념을 배우고, 문제를 풀고, 다음 진도로 넘어가는 반복의 과정을 호기심으로 굴리는 아이. 이 문제를 풀면 다음엔 어떤 문제가 나올지, 이 진도를 끝내면 그다음은 뭘 배울지, 마치 재미있는 드라마 다음 편을 기다리듯 수학을 공부한다고요. 아마 그때 선생님이 머리가 좋다, 공부를 잘한다고만 말했다면 저는 여전히 망설였을지도 모릅니다. 그런데 호기심이 있다는 한마디는 제 마음을 움직이기에 충분했습니다.

결국 우리는 막내의 호기심을 믿고, 중학교 2학년이 되어 영재고 준비를 시작했습니다. 흔히들 하는 준비에 비하면 4년이나 늦은 출발이었지만, 설령 실패했더라도 후회는 없었을 겁니다. 세상에 물리 과목에서 재미를 느끼는 사람이 얼마나 될까요. 이 도전이 지나도 다음 단계의 호기심이 아이 안에서 또 살아날 거라 믿었습니다. 그리고 결국, 셋째는 영재고에 합격했습니다.

모든 아이의 꿈이 의대일 수는 없다

엔저로 일본 여행이 한창 유행이던 때, 둘째 딸아이와 일본의 소도시를 여행했습니다. 가는 곳마다 마주치는 교토대학생 청년 셋이 있었습니다. 전공과 학교에 대한 자부심이 가득해 보였지요. 그 중 과학 전공이라는 한 청년이 우리에게 불쑥 물었습니다.

"서울대는 노벨상 수상자가 몇 명인가요?" 한국의 IT·반도체·전기전자 기술이 일본보다 앞서 보이는데 과학 노벨상이 없는 이유가 무엇이냐는 의아함이었겠지요. 제가 생각하는 분명한 이유가 있었지만, 웃음으로 대화를 가볍게 닫았습니다.

아직도 의대 열풍은 뜨겁습니다. 상위권 학생들이 번듯한 대학에 진학하고도 재수·삼수·N수 끝에 의대로 향합니다. 공부의 최종 목표가 의대가 되어 버린 흐름, 매우 기형적입니다. 우리는 왜 과학 분야에서 노벨상을 배출하지 못하느냐는 질문과도 맞닿아 있습니다. 다양한 진로의 생태가 무너질 때, 기초과학과 창의적 연구의 기반도 함께 약해지기 때문이겠죠.

막내가 영재고에 입학했을 때도, 물리 올림피아드 수상 소식이 전해졌을 때도, 의대가 목표냐는 질문을 수없이 들었습니다. 성적이 좋고 수학·과학을 잘하면 진로는 무조건 의대여야 할까요? 막내는 한 번도 의대를 원한 적이 없습니다. 관심 자체가 없었습니다. 설령 돈을 잘 버는 의사가 된다 해도 자기의 성향과 맞지 않는 길이라면 과연 행복할 수 있을까요.

아이의 꿈은 각자의 반짝임에서 시작됩니다. 의대가 아니라도 좋습니다. 아이가 지속할 수 있는 호기심, 자기가 의미 있다고 느끼는 일을 향해 걷게 하는 것. 그게 부모가 도와야 할 인생의 길 찾기입니다.

함께 꿈꿀 때 더 크게 이룬다

막내아들이 경기 영재고에 입학해 처음 기숙사로 들어가던 날, 이제 막내가 낯선 공간에서 친구들과 함께 지내야 한다는 생각에 걱정도, 무슨 말을 해 줘야 할지 고민도 컸습니다. 그 마음을 기대감으로 바꾸는 계기가 된 책이 있었습니다. 숀 아처의 『빅 포텐셜』입니다. 책의 메시지는 분명합니다.

우리는 성공과 잠재력이 개인의 능력·노력에만 달렸다고 믿지만, 실제 연구들은 주변 사람들의 영향이 개인의 잠재력 대부분을 결정한다고 말합니다. 타인의 성공에 이바지할 때, 오히려 내 잠재력도 더 높은 차원으로 확장된다는 것입니다. 그래서 막내에게 이렇게 말했습니다.

"막내야, 성공은 더 이상 작은 범위의 경쟁으로 이뤄지지 않는대. 함께 빛날 때 더 크게 확장된대. '빅 포텐셜'은 타인과 연결될 때 터져 나온다고 해. 기숙사에서 마음을 열고 친구들과 이야기해 봐. 엄마는 정말 기대돼."

실제로 그 말은 현실이 되었습니다. 고2 물리 수업 중, 막내는 자이로스코프의 불규칙 회전을 두고 친구와 대화를 시작했고, 둘은 한 달간 추가 연구 끝에 안정성 판별 기준을 정식화하는 데 성공했습니다. 이 연구는 한국과학기술청소년연구대회KSEF에서 금상, 이어 국제 대회인 ISEF에서 한국 대표로 발표할 기회를 얻었습니다. 그곳에서 여러 나라 친구와 교류한 경험은 유학 결심으로 이어졌고, 함께 연구했던 친구는 케임브리지대, 막내는 MIT로 각자의 길을 선택했습니다.

두 아이가 서로 "친구 덕분이다." "나, 업혀 갔어." 하고 웃을 때, 저는 그 모습이 너무 기뻤습니다. 이게 함께하는 성공이지요. 제가 바라던 아들의 모습 그대로였습니다. 가장 위대한 꿈은 홀로 빛나는 별이 아니라, 함께 빛나는 성좌가 되는 것입니다.

아이와 함께 진짜 꿈을 찾아가는 대화법

공부에서 성취감을 느끼려면 목표가 필요합니다. 다만 그 목표가

'의대 진학' 하나로 수렴되지 않았으면 합니다. 공부는 미래에 나무를 한 그루씩 심는 일입니다. 아이가 좋아하는 일, 즐거운 일을 하기 위한 목표여야 지치지 않습니다. 다양한 직업의 의미와 가치를 충분히 보여주지 못하는 교육과 사회 분위기에 대한 아쉬움이 남지만, 아이가 다양한 삶을 꿈꾸도록 돕는 일, 그건 부모의 역할입니다. 아이와 공부 목표를 세울 때 이렇게 대화를 시작해 보세요.

먼저, 아이가 무엇에 관심을 가지는지 이야기해 보는 것이 중요합니다. 요즘 어떤 과목이 재미있는지 물어보세요. 그리고 공부의 필요성과 목적을 함께 생각하는 단계로 넘어갑니다. 예를 들면, 어떤 어른이 되고 싶은지를 물어보는 겁니다. 그리고 아이의 현재 상황을 점검해 보는 것도 중요합니다. 요즘 공부하며 어려운 건 없는지, 있다면 무엇인지 물어보세요.

여기까지 대화가 이어졌다면, 다음으로는 목표를 함께 세울 수 있습니다. 한 달 안에 어떤 걸 해내고 싶은지 떠올려 보자고 제안하는 것이지요. 마지막으로는, 부모의 응원과 지지를 아이에게 분명히 전달해야 합니다. '네가 노력하는 걸 응원할게. 실패해도 괜찮아!' 하고 말해주세요.

핵심은 단순합니다. 아이의 반짝임, 흥미와 호기심을 대화로 포착하고, 작지만, 구체적인 목표로 묶어 주는 것. 그 과정에서 부모는 판정자가 아니라 동행자로 서야 합니다. 그렇게 하면, 아이는 '남들이 정한 정답'이 아니라 자기만의 꿈을 스스로 찾아갑니다.

아이의 성적표가 아닌 반짝이는 호기심을 믿어주세요.
모든 위대한 여정은 그 작은 빛으로부터 시작되니까요.

── 33장 ──

"우리 애는 안 돼요"라는 말을 거두세요

쉰 넘어 마라톤을 완주하며 깨달은 것

얼마 전, 제 생애 처음으로 32㎞를 달렸습니다. 풀코스 마라톤에 도전한 날이었고, 완주는 못 했지만 제 인생에서 가장 길게 달린 거리였습니다. 스스로도 믿기지 않았습니다. 저는 한 번도 저 자신을 '달릴 사람'이라 생각해 본 적이 없었으니까요. 1971년생, 쉰을 넘긴 갱년기 여성. 초등학교 체육 성적이 '가'였던 그 사람이 저였습니다.

그러던 제가 MBN 방영 TV 프로그램 〈뛰어야 산다〉에 합류했습니다. 첫 미팅 날의 설렘과 두근거림이 아직도 생생합니다. '인생은 마라톤'이라는 말을 너무 많이 들어서, 이 경험을 아이들 교육 이야기와 연결하는 게 식상하지 않을지 망설였지만, 막상 뛰어 보니 비유로는 다 담기지 않는 생생함과 힘이 있었습니다.

처음엔 1분 달리고 2분 걷기로 시작했습니다. 그렇게 5㎞, 10㎞, 결국 하프 마라톤까지 완주했습니다. 첫 완주는 믿기 어려울 만큼 놀라웠지만, 두 번의 확인이 지나자, 마음이 달라졌습니다. 그전까진 하프 마라톤도 두려웠는데, 해내고 나니 '풀코스도 달릴 수 있겠는데'로 생각이 바뀌었습니다. 마음속 장막이 걷히는 느낌. '에이, 무슨 내가 풀코스 마라톤을?'이 '그럴 수도 있겠네!'로 옮겨갔습니다.

뇌과학은 이 변화를 이렇게 설명합니다. 두려움에 반응하던 편도체는 실제 성공 경험을 만나면 진정되고, 전두엽과 해마는 그 성공을 '다시 할 수 있는 일'로 저장합니다. 성공은 뇌 안에 다음 도전의 발판을 만든다는 뜻이겠죠.

아이의 성장도 다르지 않습니다. 작은 성공과 실천이 쌓이면 아이의 뇌에도 변화가 일어납니다. '이건 내가 할 수 있는 일이야!'라는 기억이 하나둘 늘어날수록, 아이는 더 어려운 일 앞에서도 '이 정도는 해 볼 수 있겠다!'고 생각합니다. 체육 성적이 '가'였던 제가 하프 마라톤을 마친 후 풀코스 마라톤을 떠올렸듯, 아이들도 작은 성공을 디딤돌 삼아 더 큰 세상으로 나아가기 시작할 겁니다.

아이를 가두는 부모의 고정 마인드셋

스탠퍼드 인간 성장 프로젝트의 심리학자 캐럴 드웩이 말한 '마인드셋' 이야기를 꼭 전하고 싶습니다. 마인드셋에는 고정 마인드셋과 성장 마인드셋이 있습니다. 고정 마인드셋은 실패를 '내가 부족하다는 증거'로 받아들여 결국 포기로 이어지고, 반대로 성장 마인드셋은 실패를 발전의 기회로 보고 다시 시도하게 만듭니다.

어떤 마인드셋을 장착하는지는 부모의 칭찬 방식에서부터 시작됩니다. 어려운 문제를 풀어낸 아이에게 "역시 우리 딸, 머리가 좋네!"라는 칭찬은 아이의 재능을 칭찬하는 고정 마인드셋 칭찬입니다. 이런 칭찬을 들은 아이는 어려운 문제 앞에서 머리 나쁜 아이로 보일까 봐 도전을 피하게 됩니다. 대신 "와, 이 어려운 문제를 포기하지 않고 여러 방법으로 풀어보네. 그 노력이 정말 멋지다!"처럼 과정을 칭찬하는 것이 성장 마인드셋 칭찬입니다. 결과가 아닌 노력과 과정을 칭찬해 줄 때, 아이는 실패를 두려워하지 않는 사람으로 자랍니다.

제가 육아를 하며 더 크게 느낀 사실은 이 두 마인드셋을 아이보다 부모가 더 강하게 가지고 있다는 점입니다.
　"우리 애는 원래 수학이 안 돼요." "소심해서 발표는 무리예요." "해봐도 안 되더라고요."
　겉으론 아이를 위하는 말처럼 들리지만, 실은 부모가 먼저 희망을 접는 문장입니다. 성장 마인드셋으로 바꾸어 말의 틀이 달라지면 아이들에게 새로운 길이 열립니다.

> **지금은 수학이 약해요 → 어디가 약한지부터 보자.**
> **발표가 어려워요 → 작은 발표부터 연습해 보자.**
> **해도 안 돼요 → 이번에는 안 됐구나. 다음에는……**

부모의 언어가 아이의 가능성 프레임을 만듭니다. 아이를 가두는 것은 아이의 한계가 아니라 부모의 고정 마인드셋입니다. 오늘부터 문장을 바꾸면, 아이의 길도 함께 바뀝니다.

괜찮아, 아직 안 된 것뿐이야!

부모가 아이를 대하는 방식이 아이가 자기 자신을 믿는 방식이 됩니다. 아이가 울며 포기하려는 순간 부모가 "괜찮아, 아직 안 된 것뿐이야!"라고 말해 줄 수 있어야 아이는 자신을 지금 성장하고 있는 존재로 받아들입니다.

어느 날 갑자기 달라지는 일은 기적이 아닙니다. 매일의 작은 시도와 그 시도를 지켜봐 주는 눈빛이 쌓인 결과입니다. 저도 아이들이 완벽해서 잘 키운 게 아닙니다. 다만 실패와 실수의 과정을 두려워하지 않게, 그 과정을 믿고 함께 걸어가려고 했을 뿐입니다. 그래서 후배 부모님들께 꼭 말씀드립니다. "우리 애는 안 돼요." 대신 "아직 안 된 거야. 계속하면 달라질 수 있어." 하고 말해주세요. 그 믿음이 쌓이면 언젠가 이렇게 말하게 될 겁니다.

"아이를 잘 키운 게 아니라, 가능성을 끝까지 믿어 준 사람이었을 뿐이에요."

부모의 믿음은, '아이'라는 꽃을 피우는
단 하나의 태양입니다.

34장
아이들이 공부를 못했다면, 나는 어땠을까

만약 아이들이 공부를 못했다면

아이 셋을 키우며 가장 많이 들은 말이 있었습니다. "그래도 다 공부 잘하니까 마음이 편하시겠어요." 저는 늘 웃으며 "그럼요, 고마운 일이죠."라고 답했지요. 그러면서 스스로에게 자주 물었습니다. '만약 아이들이 공부를 못했다면, 나는 어떤 엄마가 되었을까?' 삼남매도 드라마나 공부에 관한 TV 프로그램을 보며 종종 놀립니다. "아, 우리 엄마한테 걸렸으면 정신 차렸을 텐데." "엄마, 우리가 저랬으면 어쩔 뻔했어요~"

솔직히, 아이들이 열심히 해도 성적이 안 나오면 저도 처음엔 당황했을 겁니다. 자존심도 상하고, 변호사로 방송·강연까지 하는 사람으로 주변의 시선을 의식했을지도 모릅니다. 그래도 곧 방법을 찾으려 움직였을 겁니다. 그런 제가 누구인지 알기에, 삼 남매는 지금도 저와 이런 농담을 주고받을 수 있는 거겠지요.

2018년에 제 첫 에세이집을 냈습니다. 제목은 『인생은 초콜릿』. 영화 〈포레스트 검프〉에 등장하는 어머니 이야기에서 영감을 얻었습니다. 영화 속 포레스트는 지능지수가 낮다는 이유로 늘 부족하다는 평가를 받지만 어머니의 사랑과 믿음을 힘입어 미식축구 스타·전쟁영웅·사업가로 거듭납니다. 어머니는 늘 이렇게 말하죠.

"인생은 초콜릿 상자와 같다. 무엇을 고를지 알 수 없다."

초콜릿 상자를 열면 겉보기엔 비슷해도 속 맛은 다릅니다. 어떤 건 달콤하고, 어떤 건 씁쓸하며, 어떤 건 예상치 못한 맛을 내지요. 인생도 같습니다. 똑같아 보이는 날들 속에서도 달콤한 날, 아픈 날, 뜻밖의 선물 같은 날이 숨어 있습니다. 우리는 그걸 미리 알 수 없고, 살아내며 맛보게 됩니다.

"넌 남들과 다르지 않아. 아니, 넌 특별한 아이란다."

지능이 낮다는 이유로 문턱에서 거절당하던 아들을 어머니는 두 손으로 끌어안아 세상 속으로 보내 줍니다. 미리 단정하지 않고, 믿음으로 길을 여는 힘이었습니다.

제가 책을 내던 2018년은 막내가 기면증 진단을 받아 크게 흔들리던 때이기도 했습니다. 하루아침에 닥친 일 앞에서 길을 잃을 뻔했지요. 지금까지도 기면증에는 완치제가 없습니다. 기면증 자체도 힘들지만, 치료제가 없다는 사실이 더 깊은 낙심으로 다가왔습니다.

우리는 아이의 인생을 예측하고 정답을 준비해 주고 싶어 합니다. 하지만 인생은 본질적으로 예측 불가능하더군요. 그래서 부모가 할 수 있는 일은, 포레스트의 어머니처럼 아이가 초콜릿 상자 같은 인생을 두려움 없이 열어 보도록 곁에서 믿어 주는 것뿐이었습니다. 그 마음이 제 책 제목에 담겼고 그 이야기가 제게 오랫동안 울림이 되었습니다.

내 아이가 '좀비딸'이 되어도

얼마 전 영화〈좀비딸〉을 보다가 너무 많이 울었습니다. 하도 훌쩍대니 남편이 곤란해할 정도였지요. 딸이 좀비로 변해 세상이 등을 돌려도, 아버지에게 딸은 여전히 딸이었습니다. 부모란 과연 어떤 존재인 걸까요?

세상이 어떤 이름을 붙여도 아이를 포기하지 않고 끝까지 품는 사람, 그게 부모입니다. 변호사 일을 하며 수많은 가족을 만났고, 방송 하면서도 다양한 부모를 만났습니다.

많은 부모가 성적표를 아이 인생의 성적표로 착각합니다. 수학 한 번 망치면 인생이 끝난 듯 다그치고, 점수가 오르면 곧 성공의 문턱에 선 듯 안도합니다. 그러나 아이의 삶은 점수로 환원되지 않습니다. 우리가 지켜야 할 기준은 한 장의 성적표가 아니라 아이의 존엄과 가능성, 그리고 다시 시도할 수 있는 마음입니다. 부모의 믿음이 그 마음을 끝까지 지켜 줍니다.

부모가 보여줄 수 있는 가장 큰 용기

저는 성적 자체가 문제의 본질이 아니라고 생각합니다. 진짜 문제는 아이가 하고 싶은 것이 없을 때입니다. 좋아하는 것을 찾은 아이는 길이 막혀도 돌파구를 스스로 찾아갑니다. 반대로 하고 싶은 게 없는 아이는 아무리 좋은 대학에 가도 쉽게 방향을 잃을 수 있습니다.

많은 부모가 아이가 하고 싶은 일을 막는다는 사실이 안타깝습니다. 이유는 의외로 단순합니다. 그림만 그리는 아이에게 "밥은 어떻게 먹고 살래?", 축구를 좋아하는 아이에게 "그건 취미로만 하라니까!"라고 말합니다. 그러면 아이는 자기 열정을 부끄러워하고, 부모가 원하는 길을 따라가다 지쳐버릴 수 있습니다. 결국 부모의 불안이 아이의 가능성을 좁히는 셈입니다. 그 불안이 아이의 꿈까지 집어삼키면 안 되지요. 부모의 가장 큰 용기는 아이가 하고 싶은 것을 존중하는 용기입니다. 불안을 삼키고 이렇게 말해 주는 것이죠.

"네가 정말 원한다면, 나는 끝까지 믿어 줄게."

그 한마디가 아이를 평생 일으켜 세우는 힘이 됩니다. 포레스트 엄마가 그렇게 한 것처럼 말이죠.

성적표는 아이의 인생을 책임져주지 않습니다.
아이를 평생 일으켜 세우는 힘은,
그 꿈을 믿어준 단 한 사람의 눈빛입니다.

에필로그

실패를 허락하는 부모의 용기가,
다시 날아오를 아이의 날개로

저는 실패담을 자주 들려주는 부모입니다.

어릴 적 외할아버지께 숙제 안 해서 혼난 이야기, 학창 시절 공부 못했던 이야기, 사법시험에 여러 번 떨어진 이야기까지 정말 끝도 없지요. 대법원 공개 변론을 앞두고는 프레젠테이션 파일을 초등학생이던 둘째가 만들어 준 적도 있고, 요리하다 소금을 두 번 넣어 국을 못 먹게 만든 실수는 아이들이 너무나 잘 압니다. 우리 가족은 그렇게 서로의 실수와 실패를 공유하며 깔깔 웃습니다.

아이 때문에 고민이 많은 후배에게는 "학교 다닐 때 모범생이었어요?"라고 먼저 물어보곤 해요. 대부분 "그렇다"고 하더라고요. 그래서일까요? 많은 부모님이 아이의 실수를 이해하기보다 완벽한 모습만 보이려 애쓰는 것 같습니다. 실수는 감추고 정답만 주고, 문제는 곧장 대신 해결해 주려 하죠. 하지만 저는 완벽한 모습보다 불완전한 내 모습을 보여주는 것이 낫다고 믿으며 아이들을 키워왔습니다.

　제가 겪어 온 실패를 말해주면 아이는 '나만 그런 게 아니구나' 하고 안도합니다. 실패 뒤에 어떻게 다시 시도했는지 들려주며, 실패가 끝이 아니라 과정이라는 걸 자연스레 알려주는 거죠. 무엇보다 '부모도 완벽한 사람이 아니다'라는 사실이 아이들에게는 참 반가운 진실 아닐까요? 그러면서 아이들과의 비밀도 없어지고요.

　"엄마도 고등학교 때 수학 50점 맞은 적 있어. 근데 포기하지 않고 기초부터 다시 하니 성적이 조금씩 올랐어."

　실패를 숨기지 않고 이야기하는 일, 그것은 아이에게 '실패를 두려워하지 않아도 된다.'라는 허락을 건네는 일입니다.

발명왕 토머스 에디슨 이야기도 익히 아실 겁니다. 그는 학교에서 산만하다는 이유로 3개월 만에 퇴학당했고, 교사는 그를 '머리가 둔한 아이'라고 했습니다. 하지만 어머니 낸시는 그 말을 믿지 않았습니다. 교과서를 정해주기보다 아들이 흥미를 느끼는 주제를 마음껏 탐구하게 했죠. 한번은 화약 실험을 하다 창고를 태웠지만, 어머니는 매우 화내기보다 "실험은 실험답게, 책임은 책임답게!"라며 직접 뒷정리를 시켰습니다. 그 후 에디슨은 안전 규칙과 기록을 철저히 지키기 시작했다고 해요. 어머니는 아들의 실수를 '제거'한 것이 아니라, 실수를 통해 배우도록 했습니다. 결국 그 방식이 에디슨의 철학을 만든 셈입니다.

AI 시대의 경쟁력은 '빠르게 외운 지식'이 아니라 문제 해결력·창의력·의사결정력 같은 인간 고유의 역량입니다. 이 역량은 책상 앞에서 문제집만 푸는 것으로는 길러지지 않습니다. 낯선 골목에서 길을 찾고, 예상치 못한 상황에서 판단하고, 그 선택의 결과를 온전히 감당하는 경험 속에서만 자랍니다.

AI가 대신해 줄 수 없는 영역, 바로 '내 삶을 스스로 설계하고 책임지는 능력'을 길러주어야 합니다. 부모는 '모든 답을 대신 주는 존재'가 아니라, 아이가 스스로 답을 찾도록 뒤에서 지켜보는 안내자가 되어야 합니다.

서울대 합격보다 더 값진 것은, 아이들이 자기 인생의 주인이라는 감각을 얻었다는 점입니다. 그 과정에서 저는 '내가 도와주지 않아도 된다!'라고 되뇌며 불안에서 벗어나는 근력을 키웠고, 아이들은 '엄마가 나를 믿는다!'라는 자산을 얻었습니다.

아이마다 속도는 다르겠지만, 부모가 지켜보는 그 자리에서 언젠가 아이는 자기 날개로 날아오를 겁니다.

인터뷰

삼 남매에게 묻다

삼 남매가 바라본
엄마의 시간

Q. 어머니는 선행 학습에 열을 올리지 않았네요. 주변 친구들이 학원으로 달려갈 때, 뒤처진다는 생각에 불안거나 엄마를 원망하는 마음이 든 적은 없었나요?

첫째 딸 솔직히 항상 괜찮았던 건 아니에요. 특히 국제중에 처음 입학했을 때, 친구들은 이미 저보다 한참 앞선 상태라 많이 위축되고 불안해서 왜 더 준비시켜주지 않았는지 원망도 했어요. 그렇지만 제 준비가 부족했던 것은 엄마 탓이 아니라 학교 분위기를 먼저 파악하지 못했던 저의 책임도 있다고 생각했어요. 국제중은 제가 원해서 진학한 것이고, 엄마는 저희가 원하는 만큼, 감당할 수 있는 만큼만 공부를 시키셨던 분이니까요.

둘째 딸 출발은 조금 뒤처졌지만, 앞으로 남은 시간이 많으니 열심히 하는 만큼 따라갈 수 있을 거라 생각해서 애꿎은 엄마를 원망하거나 낙담할 시간에 제 부족함을 메우기 위해 더 노력했던 것 같아요. 또 그 당시에는 제가 부족한 상태라는 것이 오히려 더 열심히 공부를 하게 하는 큰 동기 부여였기 때문에 역으로 도움이 됐던 부분도 있는 것 같습니다.

Q. 부모님이 간섭이나 잔소리를 안 하시면 보통 나태해지기 마련인데, 어떻게 스스로 공부할 동기를 유지했나요? '우리 집 헌법' 같은 규칙이 실제로 효과가 있었나요?

둘째 딸 저희가 항상 성실하고 모범적으로 생활을 했던 것은 아니에요. 종일 핸드폰만 보면서 보낸 시간들도 많았고, 숙제를 팽개치고 친구들이랑 놀다가 학원 가서 혼나기도 했어요. 그렇지만 그런 시간이 아주 길어지지 않고 다시 공부를 이어갈 수 있었던 이유는 오히려 엄마의 간섭과 잔소리가 없었기 때문이라고 생각해요. 저희에게 큰 자율성을 주셨으니, 시간을 소중하게 쓰고 관리하지 않으면 그 결과는 엄마가 감당하는 것이 아니라 오롯이 저희가 감당해야 하는 것이잖아요. 엄마가 책임져주지 않는다는 것을 너무 잘 알고 있었기 때문에 다른 길로 새다가도 다시 정신을 차리고 돌아와서 해야 할 일을 할 수 있었어요.

막내아들 저희 가족 헌법이 이름은 거창하지만 사실 아주 자세한 생활 수칙이 있다거나 세세하고 엄격한 규칙은 아니에요. 그렇지만 마구 엉킨 정글 같던 저희 삼 남매에게 확실한 위계와 큰 틀의 규칙을 정해주셨기 때문에 그 선 안에서는 자유롭게 행동해도 된다는 안정감과 해방감이 있었던 것 같습니다.

Q. 어머니께서 워킹맘으로서 힘들 때도 아이들 앞에서 행복한 척 연기를 하셨다고 고백하셨어요. 자녀 입장에서 그런 모습이 부자연스럽거나, '나 때문에 엄마가 힘든 걸 숨기시는구나' 하는 부담으로 다가오진 않았나요?

막내아들 연기라고 생각한 적은 없습니다. 그냥 '엄마는 정말 강하구나' 하고 생각했어요. 어릴 때는 엄마의 넘치는 사랑과 긍정적 에너지를 받는 것이 항상 당연하다고 생각했죠. 그때는 하루 종일 일을 마치고 와서 다시 한번 에너지를 끌어올리는 게 얼마나 힘든 일인지 가늠조차 하지 못했으니까요. 크고 나서야 엄마의 사랑이 얼마나 대단했는지 알게 됐죠. '나 때문에 엄마가 연기를 한다' '숨긴다' 이런 부담으로 느껴지지는 않았어요. 엄마의 노력이라고 생각했고, 그렇게 노력해주실 만큼 깊고 큰 사랑에 확신과 감사함으로 느껴졌어요.

첫째 딸 엄마는 저희가 '커서 효도할게', 이런 이야기를 할 때면 항상 기뻐하시면서도 선을 그어주셨어요. 그런 말을 해주는 것만으로도 기쁜데, 엄마 인생이나 행복은 엄마 책임이고 너희는 알아서 갈 길을 가야 한다고요. 그런 엄마의 모습에서 가족 간의 사랑, 자립심 있는 어른, 서로를 위한 건강한 거리, 이런 것들을 배웠죠.

Q. '숙제만 해도 충분하다'는 말이 솔직히 와닿지 않아요. 대부분 숙제도 많고 바쁘기도 해서 숙제를 대충 해치우지 않나요?

첫째 딸 저희 집은 '숙제는 기본'이 당연한 규칙이었어요. 이게 가능했던 것은 무리한 학원 스케줄이 없었고 그에 따라 숙제 양도 합리적인 양이었기 때문이에요. 어렸을 때는 엄마의 지도 하에 숙제를 했지만, 점점 저희 스스로도 숙제를 하면서 실력이 느는 것을 알게 되었기 때문에 당연히 해야 하는 것이라고 생각했던 것 같아요. 물론 하기 싫었지만요.

또 숙제만 해가면 엄마는 그 이상의 것을 저희에게 요구하지 않으셨어요. 꼭 모든 학원 테스트를 잘 볼 필요도 없었고, 다음 반으로 레벨 업을 해야 하는 것도 아니었어요. 숙제 이상의 것을 하라는 압박이 없었기 때문에 하기 싫지만 큰 반감 없이, 스스로 납득하면서 숙제를 하고, 학업적 성취를 이뤄나갈 수 있었습니다.

Q. 삼 남매가 모두 공부를 잘해서 경쟁심이 컸을 것 같아요. 책에 나오는 오케스트라 같았다는 표현은 너무 이상적인 게 아닌가요? 솔직히 서로 많이 싸우진 않았나요?

둘째 딸 어렸을 때는 많이 싸웠어요. 그런데 공부로 경쟁심을 느껴서 싸웠던 것은 아니고 서로 가족으로, 남매로 살아가는 데 적응하는 과정이었다고 생각해요. 이건 내 건데 왜 쓰냐, 엄마 아빠가 같이 쓰라 했는데 그게 왜 네 건지 말해봐라, 나는 너보다 나이가 많으니까 이렇게 해도 된다 등등. 이렇게 유치하게 싸우고, 같이 혼나고 울면서 화해하고, 며칠 뒤에 같은 주제로 다시 싸우고 이런 과정들을 겪으며 서로에게 적응했던 거죠. 오케스트라처럼 협동하는 삼 남매가 된 건 그렇게 오래 투닥거리면서 친해지고, 머리가 많이 컸을 때의 이야기예요. 지금도 물론 많이 싸워요. 삼 남매로 20년 살아도 싸울 거리는 아직도 참 많더라고요.

막내아들 공부로 경쟁하는 건 정말 없었어요. 형제자매가 올린 성과가 부럽고 나는 왜 그만큼 하지 못했나 속상한 날들은 있었지만, 이기지 못해서 분하고 이겨 먹기 위해 공부하고 이런 시간들은 단 한 순간도 없었어요. 애초에 부모님이 저희를 두고 비교를 하거나 서열을 매기고 경쟁시키지 않으셨거든요. 또 서로 공부하는 모습을 가장 가까이서 보게 되기 때문에 누가 이룬 성과가 각고의 인내와 노력으로 이루어진 것이라는 걸 옆에 있는 서로가 가장 잘 알거든요. 그것에 동기 부여를 얻고 '나도 열심히 해야지' 생각했으면 했지 경쟁하지는 않았어요. 그 근간에는 비교하고 차별하지 않는 부모님이 계셨고요.

Q. 어머니는 교육의 최종 목표가 '독립'이라고 강조하셨습니다. 자녀 입장에서는 그 말이 '이제 네 인생은 네가 알아서 하라'는, 어쩌면 사랑의 철회나 차가운 거리감으로 느껴지지는 않았나요?

첫째 딸 어릴 때는 그 말이 서운하게 들릴 때도 있었어요. 마치 '이제 나 컸으니 알아서 해'라며 선을 긋는 것처럼 느껴지기도 했죠. 스무 살이 되면 나가 살거나 집에 살아도 집세를 내야 한다고 하실 때는 정말 청천벽력 같았어요. 대학에 입학하면 대체 과외와 아르바이트를 몇 개를 해야 하는 건지 가늠하기도 했었죠. 하지만 저희가 스스로 무언가를 결정하고 책임지는 경험이 쌓이면서 깨달았어요. 엄마가 말한 '독립'은 관계의 단절이 아니라, '스스로 설 수 있는 힘'을 길러주시려는 가장 깊은 사랑의 표현이었다는 것을요.

둘째 딸 엄마는 저희가 '내 인생을 책임져달라'고 의존하는 대상이 아니라, 동등한 인격체로서 서로 존중하고 응원하는 관계가 되기를 바라셨던 것 같아요. 그래서 저희를 밀어내는 게 아니라, 세상 어느 곳에 있더라도 기댈 수 있는 든든한 '정신적 둥지'를 지어주신 거였어요. 그 덕분에 저희는 혼자라는 두려움 없이 세상을 향해 날아오를 수 있었습니다.

Q. 책 읽기를 놀이처럼 즐겼다는 게 사실인가요? '100권 읽기 프로젝트'나 스티커 보상 같은 건 결국 변형된 공부 아니었나요?

막내아들 처음부터 책을 좋아한 건 아니에요. 책을 읽어도 대체로 만화책을 읽고 싶어했죠. 이때 엄마가 줄글 책을 읽도록 강압하지 않으셨던 것이 책 읽기를 기피하지 않고 즐길 수 있었던 이유 같아요. 줄글을 읽으라고 강요하지 않는 대신 엄마는 스티커 판이나 100권 읽기 내기 같은 재미있는 방식을 동원하셨어요.

집에 만화가 아무리 많아도 100권을 채울 만큼은 아니었으니 내기를 이기려면 다른 책을 골라서 읽을 수밖에 없었죠. 중요한 건 언제나 선택권은 저희에게 있었고 엄마는 아주 살짝 등만 밀어주셨을 뿐이라는 거예요.

첫째 딸 무슨 책이든 저희가 그 책에서 얻은 지식이나 교훈이 하나라도 있다면, 정말 허무맹랑한 것이라도 엄마는 그걸 경청하고 격려해

주셨어요. 무리해서 어려운 책을 읽지 않아도 되고 책을 읽어야 한다는 의무감도 없었으니 편하게 읽을 수 있었어요.

Q. 십 대 청소년이 부모와 갈등 없이 스마트폰 사용을 스스로 조절했다는 건 너무 비현실적으로 들려요. 진짜 큰 갈등은 없었나요? 유혹을 이기는 비법이 있을 것 같기도 하고요.

둘째 딸 부모님과의 갈등은 없었지만, 저희는 각자 스마트폰과의 전쟁을 벌였죠. 성인이 된 지금도 스마트폰만 하면 시간 가는 줄 모르고 재미있는데, 그 어린 나이에 어떻게 당연하게 조절이 됐겠어요. 그렇지만 스마트폰 문제 또한 엄마가 직접 제동을 걸지 않으시니 결국 스스로 해결해야 하는 문제였어요.
그래서 타이머 달린 스마트폰 감옥을 사거나 2G 폰으로 바꾸거나 다른 앱 사용을 제한하는 공부 타이머 앱도 써보고, 할 수 있는 건 다 해본 것 같아요. 서로 스마트폰을 들고 가서 관리해주기도 했고요. 그런데 결국 제일 효과적인 것은 지금 당장 스마트폰을 손에서 놔야 한다는 스스로의 자각과 위기 의식인 것 같아요.

첫째 딸 하루 스마트폰 좀 했다고 죄인이 되거나 낙오자가 되는 것은 아니지만 그 시간이 일주일, 이주일, 한 달이 되면 목표에서 스스로가 점점 멀어지는 기분이 들잖아요. 스스로 '아, 이건 아닌데'라는 생각이 들면 어떻게든 대책을 강구하게 되고 자기 조절이 되는 것 같아요. 그때 옆에서 타박하거나 그 지경이 될 때까지 뭐했냐고 화를 내는 것이 아니라 필요한 도움을 요청할 수 있는 부모님이나 형제자매가 있으면 누구나 금방 극복할 수 있다고 생각해요.

Q. 수학 성적이 3등급에서 1등급으로 갑자기 뛰었다는 이야기는 너무 드라마틱해요. 정말 그런 도약이 가능한가요? 혹시 숨기는 게 있는 건 아닌지 의심이 됩니다.

둘째 딸 저 스스로도 제가 그렇게 단기간에 성장할 수 있을 거라고 생각하지 못했어요. 모의고사가 끝나고 집에 와서 가채점을 하고 웹사이트에서 3등급 점수를 확인한 날의 충격은 지금도 잊을 수가 없어요. 이 실력으로 어떻게 대학을 갈 수 있을까, 라는 공포에 한바탕 울고 나서는 냉철한 자기 성찰 시간이 있었어요.

어떠한 변명도 통하지 않는 성적표를 받아 들고 '이제는 바뀌어야 한다, 지금이 아니면 안 된다'는 생각이 들었죠. 그래서 '대충대충 다음에 풀면 다시 잘 풀 수 있어' '아, 이건 실수야' 하면서 넘겼던 문제들을 다 다시 가지고 와서 하나부터 열까지 문제를 해부하며 오답 노트를 작성했습니다. 틀리는 게 부끄러울 정도인 기초 문제들도 전부 다 오답 노트를 작성했어요. 시간이 정말 오래 걸렸지만 그제서야 제대로 된 공부를 하고 있다고 스스로 느끼면서 공부했던 것 같아요.

6월 모의고사와 수능 점수만 이야기하니 점수가 갑자기 엄청나게 점프를 한 것 같지만, 오답 노트를 하면서 점수는 계단식으로 천천히 올라갔어요. 점점 제대로 된 풀이로 맞출 수 있는 문제가 늘어나 지금 공부하는 방법이 맞다는 확신이 들었을 쯤에는 목표에 대한 집착도 버렸던 것 같아요. 그전까지는 목표한 대학이 아니면 안 된다는 생각이었는데, 제대로 공부를 하기 시작한 이후로는 '이렇게 했는데 안된다면 안 되는 거지, 무슨 결과든 받아들일 수 있어'라는 생각이 들었어요. 그래서 수능도 더 편하게 보고 인생에서 처음 보는 고득점을 할 수 있었던 것 같아요.

Q. 부모님의 믿음이 때로는 '기대에 부응해야 한다'는 부담감으로 다가오지는 않았나요? 특히 실패했을 때, 그 믿음이 오히려 더 무겁게 느껴진 적은 없었나요?

첫째 딸 당연히 부담될 때도 있었어요. 저를 향한 엄마의 기대와 믿음이 학업적 성취를 이루는 데 있다고 오해했던 적도 있어요. 저를 믿는다는 게 미안하고 화가 날 때도 있었던 것 같아요. 엄마가 보는 것과 달리 나는 나약하고 부족한 사람인데 나한테는 긍정과 낙관도 사치라는 생각이 들 때도 있었어요. 제가 정말 주저앉아 버려도 엄마가 똑같이 말해줄까, 라고 의심했던 시간들도 있어요. 그렇지만 엄마가 어떠한 상황에서도 제 뒤에 서서 너를 믿는다고 말씀해주시는 걸 보면서 깨달을 수밖에 없었어요.

엄마의 믿음은 제가 공부를 잘하는 학생이 될 거라는 믿음이 아니라 이 모든 과정을 겪어내고 계속 스스로를 일으켜 세울 수 있는 힘을 가진 사람이 될 거라는 믿음이었어요. 이걸 깨달은 뒤로는 저 스스로도 저를 믿었고, 엄마의 믿음은 부담이 아니라 저를 지탱하는 절대 무너지지 않을 기둥이 되었습니다.

오늘도 불안한 엄마들에게

초판 10쇄 인쇄일 2025. 9. 30.
초판 10쇄 발행일 2025. 10. 10.

지은이 | 양소영
발행인 | 한준희, 양시호

발행처 | 담담사무소
출판등록 | 2020년 5월 26일(제2020-000131호)
주소 | 서울시 마포구 동교로 25길 26-5 라라빌딩
전화 | 02)2038-6695 · 팩스 | 02)2038-4395
전자우편 | daamdaam@daamdaam.co.kr
홈페이지 | www.daamdaam.co.kr

ⓒ 양소영, 2025

ISBN : 979-11-971200-6-0

이 책은 저작권법에 따라 보호를 받는 저작물이므로 무단 전재와 복제를 금합니다.
이 책의 전부 혹은 일부를 이용하려면 저작권자와 담담사무소의 동의를 받아야 합니다.

잘못된 책은 구입하신 곳에서 바꾸어 드립니다.
책값은 뒤표지에 있습니다.